„Unsere Wohnungseinrichtung läßt sich mit wenigen Worten beschreiben. Eine an drei Wänden entlanglaufende Holzbank, ein Tisch, zwei Stühle, ein Schemel und eine Ofenbank bildeten die Ausstattung in der Stube, hinzu kam in der Ecke rechts vom Eingang ein Kinderbettchen und in der linken oberen Ecke ein mit Vorhängen umgebenes Bett der Eltern.
Das Dach befand sich in einem derart schlechten Zustand, daß, wenn es regnete, das Wasser in den unteren Räumen in aufgestellte Kübel und Eimer tropfte."

Max Bauer, geb. 1905, über sein Geburtshaus – ein altes kleinbäuerliches Anwesen nahe Passau.

Helmut Bitsch/Egon M. Binder

Bauern, Häusler, Ökowirte

Helmut Bitsch · Egon M. Binder

Bauern
Häusler
Ökowirte

Die bäuerliche Kulturlandschaft Ostbayerns:
Vom Bayerischen Wald zum Fränkischen Jura,
von der Oberpfalz zum Gäuboden
und ins Rottal

Impressum:
ISBN 3–924484–44–9
1. Auflage 3/1992
© 1992 by Neue Presse Verlags-GmbH, Passau
Mittelbayerische Druckerei- und Verlags-GmbH, Regensburg
Gesamtherstellung: Neue Presse Druckservice GmbH, Passau
Titelbild: Roland Binder, Deggendorf/Grafenau

Inhalt

Vorwort

Wenn heute jemand nach den besonderen Leistungen der Bauern fragen würde, dann würden wohl den meisten Befragten stirnrunzelnd die Negativschlagzeilen zur Landwirtschaft in den Sinn kommen. Gerade deswegen scheint es sinnvoll, den Bauern und seine Geschichte im Wandel der Zeiten aus verschiedenen Perspektiven heraus darzustellen. Schnell wird klar, daß die Geschichte der Bäuerin und des Bauern in Niederbayern und der Oberpfalz einerseits geprägt war von krassen Gegensätzen wie den wohlhabenden ‚Groß-Ökonomen‘ und andererseits den unter ärmsten Verhältnissen wirtschaftenden Kleinbauern im Wald. Mit vielen Entbehrungen und Opfern, aber auch mit Stolz, Traditionsbewußtsein und Beharrlichkeit ist so manches Schicksal eines Bauernhofes in unsere Zeit herübergerettet worden. Alarmierend jedoch sind die Zahlen, die das Bauernsterben in unseren Tagen dokumentieren.

Auch der Fremdenverkehrsverband Ostbayern e. V. stellt ab dem Jahre 1992 in verstärktem Maße die Wechselwirkungen zwischen Tourismus und Landwirtschaft im Rahmen seiner werblichen Arbeit dar. Dies tut er nicht in erster Linie aus einem nostalgischen Abzielen auf Sentimentalität und ‚gute alte Zeit‘, vielmehr geht es ihm darum, darauf hinzuweisen, daß moderner Tourismus ohne die Pflege der Landschaft durch die Bauern und ohne Bewahrung von Natur und bäuerlicher Kultur kaum vorstellbar ist. Es ist eben die bäuerlich gepflegte Kulturlandschaft im südlichen Niederbayern, im Bayerischen Wald und in der Oberpfalz, die mit ihren vielgestaltigen Formen der Landschaft und des Ackerbaus sowie den darin beheimateten bäuerlichen Lebens- und Wohnformen diese Ferienregion prägen.

Möge dieses Buch einerseits die reichen Traditionen und die bäuerliche Kultur unseres ostbayerischen Raumes vermitteln und andererseits zu einem neuen Verstehen und Verständnis für die Landwirtschaft in Niederbayern und der Oberpfalz beitragen.

Klemens Unger,
Verbandsdirektor des Fremdenverkehrsverbandes Ostbayern e. V.

Agrarlandschaft Ostbayern – gestern, heute und morgen

Zwischen Armenhaus und Kornkammer – Landwirtschaft in früheren Zeiten

So unterschiedlich sich uns die Landschaften Ostbayerns präsentieren, so unterschiedlich sind auch die Gesichter der Landwirtschaft. Wie kein anderer Wirtschaftszweig ist der Landbau von den naturräumlichen Gegebenheiten abhängig, von der Höhenlage, dem Klima und der Bodengüte.

Schlechte Voraussetzungen für den Ackerbau bieten die niederschlagsreichen und kalten Gebirgszüge des Bayerischen und Oberpfälzer Waldes. Hier im östlichen Teil gibt es nur nährstoffarme, steinige Böden, und geschlossene Schneedecken überziehen an über 100 Tagen im Jahr die Hochlagen. *„Der Winter und die Schneegestöber fangen in der Mitte des Novembers an, und dauern bis in Mitte Aprils. Der Schneedruck und die Spätfröste schaden den Früchten und Obstbäumen sehr. Die herrschenden Winde sind der Nordwestwind, und der Nordwind. Dieser brauset beynahe beständig in den Gebirgen von Zwiesel. Für Menschen, mit geschwächter Brust, ist hier kein Bleiben. Kaum sind ein paar Sommermonathe, in denen selbst noch einzelne Schneelagen jeden angenehmen Eindruck des holdesten Tags verdrängen, vorüber, so tritt schon wieder ein sehr nasser, feuchtkalter Herbst ein.“*[1]

Keine günstigen Voraussetzungen also, vor allem in früherer Zeit, als keine speziellen Züchtungen, kein Kunstdünger und kein Kraftfutter u. v. m. die Nachteile der Natur linderten!

Um 1800 lag das Hauptaugenmerk der Bauern auf der Getreideproduktion. Sie allein sicherte die Ernährung. Im Bayerischen und Oberpfälzer Wald gediehen nur anspruchsloser Roggen und Hafer und kein hochwertiges Brotgetreide wie Weizen. Die Ernte betrug z. B. im Bezirk Kötzting oft nur das Drei- bis Fünffache (4,5–7,5 dt; 1 dt = 1 Dezitonne = 100 kg) der Aussaat. Heute erntet man hier etwa 50 dt Weizen pro Hektar.

Brotgetreide war nach den häufigen Mißernten oft Mangelware. Fehlendes Getreide ersetzte man dann durch Unkrautsamen, Hafer, Wurzeln und Kleie. Die Folgen waren Krankheit und Tod. Erst mit Einführung der Kartoffel und deren raschem Aufstieg zum verbreitetsten Nahrungsmittel fanden im 19. Jahrhundert die Hungerperioden in den Hochlagen ihr Ende.

Eine wichtige Rolle spielte in der Landwirtschaft des Bayerischen und Oberpfälzer Waldes die Ochsenmast und -zucht. *„Der Wald hat im Vergleich zu andern Provinzen Bayerns eine sehr bedeutende Anzahl von Ochsen, welche theils selbst gezogen, theils von Oesterreich eingeführt und zum Zuge benützt oder zur Mast aufgestellt werden. Letztere ist, namentlich im untern Wald, beinahe allgemein. Man unterscheidet schwere, aus der Steiermark eingeführte Ochsen, und selbst gezogene, welch letztere in der Regel kleiner und weniger gewichtig sind . . .; manchmal sind sie so klein und schwach, daß deren sechs bis acht vor einen nicht sehr schwer beladenen Wagen gespannt werden müssen.“*[2]

Neben den Gangochsen waren Mastochsen ein wichtiger ,Exportartikel' des Waldes. Allein aus den Bezirken Kötzting, Regen und Grafenau wurden noch vor gut 100 Jahren rund 10 000 gemästete Ochsen jährlich nach München, Landshut und in andere Städte verkauft. Bis Mitte des 19. Jahrhunderts dominierten in der Rinderzucht die genügsamen Landviehrassen wie das ,Passauer', das ,Chamauer' oder das braunrote ,Oberpfälzer Vieh'.

Die einfachen Landrassen hatten meist nur vier bis sechs Zentner Lebendgewicht und eine Milchleistung, die für wenig mehr als die Ernährung des Kalbes ausreichte. Kein Wunder, wenn man bedenkt, daß Kühe bei den Kleinbauern oft die einzigen Zugtiere waren, und diese sich den Sommer über ihr Futter auf den wenigen schlechten Weiden, häufig im Wald suchen mußten und in der anderen Jahreshälfte fast nur mit Stroh gefüttert wurden!

Weit verbreitet war im Bayerischen und Oberpfälzer Wald der Flachsanbau. Er lieferte die Grundlage für die Weberei. Diese war wie die Waldarbeit und das holzverarbeitende Gewerbe (Rechen-, Schaufel-, Holzschuh-, Resonanzkörperproduktion u.a.m.) lebenswichtiger Zuerwerb zu den kargen Erträgen aus der Landwirtschaft. Im Winter saßen Männer wie Frauen von morgens fünf Uhr bis spät in die Nacht an Spinnrad und Webstuhl. Der ‚Wald‘ war noch im 19. Jahrhundert Zentrum der bayerischen Leinwandproduktion. Die höchste Leinweberdichte hatte die Oberpfalz, speziell in den Gebieten um Weiden, Neuburg, Waldmünchen, Rötz und Cham. Allein im Gericht Cham arbeiteten um 1800 etwa 1000 Leinweber.

Der Wasserreichtum der östlichen Oberpfalz wurde bereits früh für die Fischzucht (Karpfen, Hechte etc.) genutzt. Das Zentrum der Teichwirtschaft lag im sogenannten Stiftland, das nördlich an den Oberpfälzer Wald anschließt. Schon im Mittelalter widmeten sich die Mönche des Zisterzienserstiftes Waldsassen

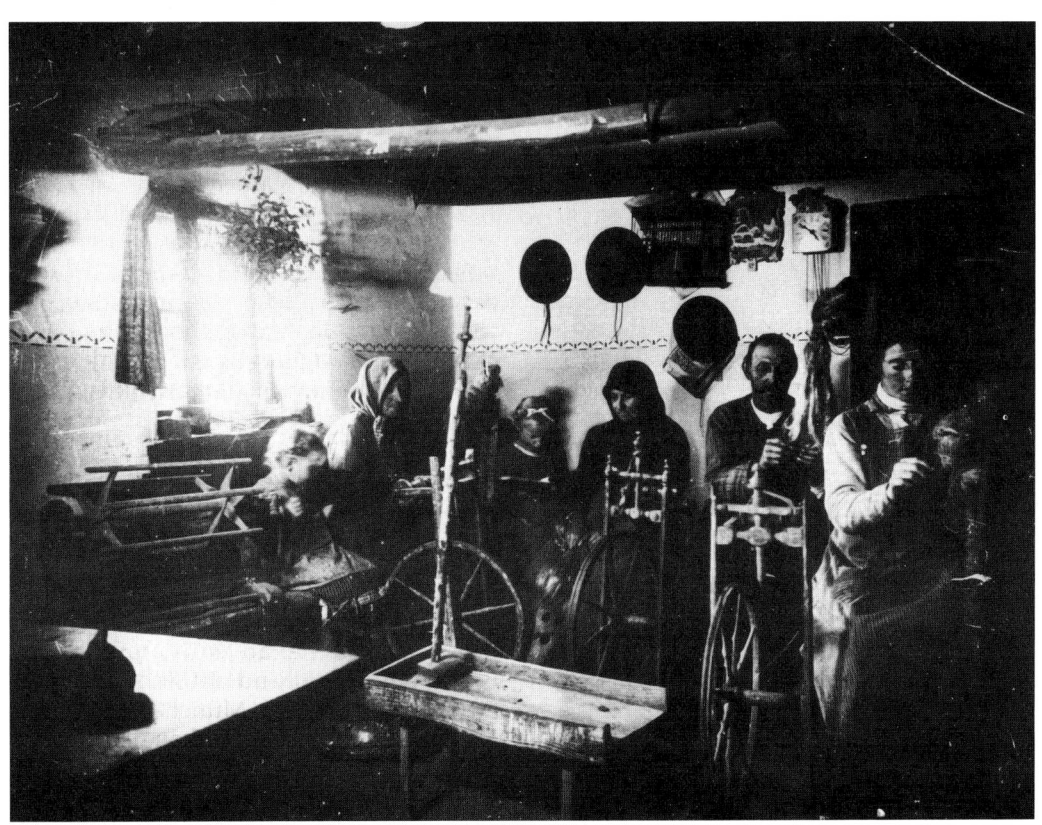

Männer und Frauen beim Spinnen in der Stube, Bayerischer Wald, Anfang 20. Jahrhundert.

sehr erfolgreich der Fischzucht. In Fässern wurden die Karpfen lebend bis nach Regensburg transportiert, wo sie als teure Leckerbissen für kirchliche und adelige Obrigkeiten zubereitet wurden.

Gleichwohl sich Klima und Bodenverhältnisse nach Westen zum Jura hin verbessern, hier bereits Weizen und Gerste angebaut werden konnten und die Er-

17. Jahrhundert blühte in der Oberpfalz nämlich das Eisengewerbe mit reichem Erzabbau und zahllosen Hammerschmieden. Noch um 1600 lebte rund ein Viertel der Bevölkerung von der Erzförderung und -verarbeitung. Erst durch die Auswirkungen des Dreißigjährigen Krieges und durch Veränderungen des Montangewerbes verlor die Oberpfalz als eines der wichtigsten Industriezen-

Abtransport von Fischen für den Verkauf, Stiftland, um 1910.

träge höher lagen, schrieb Hazzi über die gesamte Oberpfalz mit seinen primär losen Sandböden: *„Im Ganzen ist es ein für die Landwirthschaft sehr undankbares Land."*[3]

Lange Zeit hatte die Landwirtschaft für das Wohl und Wehe dieser Region nur eine untergeordnete Bedeutung. Bis ins

tren Deutschlands seine überregionale Bedeutung. Der Wandel von der reichen Industrieregion zum eher kargen Agrarland war die Folge.

Nur im Süden von Regensburg entlang der Donau in Richtung Straubing reichen die fruchtbaren Böden Niederbayerns in das Gebiet der Oberpfalz hinein.

Der Gäuboden – die Kornkammer Bayerns, 1931.

Hier beginnt der Gäuboden – die Kornkammer Bayerns. Eine oft mehrere Meter mächtige Lößlehmdecke macht das nährstoffreiche Schwemmland, das bis in die Gegend um Vilshofen reicht, zu einem der weltweit besten Ackerböden. Ein relativ mildes Klima und eine Höhenlage von nur gut 300 m begünstigen zusätzlich die Landwirtschaft. Die Fruchtbarkeit des Gäubodens und die damit verbundene intensive Bewirtschaftung machten dieses Gebiet bereits vor Jahrhunderten zur fast waldlosen Region.

„Die wichtigste Frucht unter allen Kulturgewächsen der Donauregion ist der Weizen, welcher seit unfürdenklichen Zeiten in ungeheuren Massen, in vorzüglicher Güte und in warmen Jahren von bedeutender Schwere . . . erzeugt wird. Es gibt in Bayern nur wenige Distrikte, welche im Verhältniß zu ihrem Kulturland ein so bedeutendes Quantum von Weizen und Gerste ausführen", schrieb 1871 Max Lidl[4]. Hochwertige, aber empfindliche Gerste und Weizen erbrachten im Gäuboden bereits um 1800 das 10- bis 15fache bzw. das 12- bis 24fache der Aussaat. Als Maximalerträge standen damit 36 dt Weizen pro Hektar im Gäuboden 7,5 dt minderen Roggens im Bayerischen und Oberpfälzer Wald gegenüber.

Reichtum und Armut wohnten in Ostbayern also oft in unmittelbarer Nachbarschaft. Über die himmelhohen Unterschiede konnte man bereits 1846 lesen: Der Gäubodenbauer, *„wenn er auf seinem fetten Acker hinter dem Pfluge einherschlendert, sieht kopfschüttelnd auf die hohen, waldesdunklen Berge hinüber, von denen ihn nur das Silberband der Donau trennt. Es beschleicht ihn, den im Schooße des Üeberflusses Lebenden, eine Anwandlung von Mitleid, wenn er denkt, daß in jenen dichten, rauhen Forsten auch Leute wohnen, und erwägt, mit welcher Mühe und Anstrengung sie dem unebenen, spröden Boden die spärliche Ernte abgewinnen müssen."*[5]

Im Westen und Süden grenzt an den Gäuboden das tertiäre Hügelland. Dieses niederbayerische Gebiet hat kontinentales Klima und sehr unterschiedliche Bodenqualität auf oft kleinstem Raum. Insgesamt bietet das Hügelland günstige Voraussetzungen für die Land-

11

wirtschaft und gute Erträge. Zwei Regionen hatten früher schon eine herausragende landwirtschaftliche Bedeutung: das Rottal, bekannt durch seine Pferde, die zu den besten in ganz Deutschland zählten, und die Holledau im Westen. Letztere entwickelte sich im 19. Jahrhundert zum wichtigsten Hopfenanbaugebiet Bayerns.

Vor dieser Zeit wurde Hopfen, ebenso wie Flachs, Kraut und Rüben, in allen Teilen Ostbayerns für den lokalen Bedarf angebaut. Auch Obstgärten und Weinberge gab es bis in die mittleren

Höhen des Bayerischen und Oberpfälzer Waldes, viele an den milden Südhängen der Flußläufe. Hazzi berichtete 1818, *„. . . nach den noch vorhandenen Spuren waren ehedem alle südlichen Gehänge von Kelheim bis Passau, das Isarthal von Landshut bis Plattling, das ganze Laberthal von Rothenburg, Pfaffenberg bei Geiselhöring, dann das Roththal die blühendsten Weinberge“*[6]). An klimatisch begünstigten Stellen wuchs auch Hirse, in der Oberpfalz z. B. im Bezirk Waldmünchen. Das Hauptanbaugebiet lag in der Gegend um Hengersberg an der Donau.

Hopfen-Versuchsgarten, Hallertau, um 1910.

Die vielen Gesichter der Landwirtschaft von heute

Allen Unkenrufen zum Trotz: Sieht man nur auf die statistische Fläche, so könnten Niederbayern wie Oberpfälzer für sich behaupten, daß sie auch in den vergangenen drei Jahrzehnten fast gleichbleibend viel Grund landwirtschaftlich nutzten. Immerhin sind im Regierungsbezirk Niederbayern mit seiner Gesamtfläche von 1033133 Hektar Grund und Boden noch 59 % landwirtschaftlich genutzt, in der Oberpfalz von 969 128 Hektar 47,1 %. Doch dies allein sagt nichts über die Reduzierung der bäuerlichen Betriebe und somit über das ‚Bauernsterben‘ aus.

Rinderweide im Wolfsteiner Land bei Kreuzberg.

Obwohl in den geographischen Gebiets-
bezeichnungen Bayerischer Wald und
Oberpfälzer Wald der Name ‚Wald‘ als
dominant herausgestellt wird, folgt die
Waldfläche erst an zweiter Stelle. Und
von der Waldfläche her gesehen führt
sogar die Oberpfalz (39 % Anteil an der
Gesamtfläche) vor Niederbayern (32 %).
Die Waldfläche je Einwohner: in Niederbayern 0,23 Hektar und in der Oberpfalz
0,41 Hektar. Nur an Wasserflächen ist
Ostbayern mit runden 1,4 % gegenüber
Oberbayern (3,1 %) etwas arm dran.

Dennoch aber sind immer weniger Menschen in der Landwirtschaft beschäftigt;
ist das ‚Bauernsterben‘ landauf und
landab groß. Im Jahre 1885 waren in
Ostbayern noch 60 % der Bevölkerung
in der Landwirtschaft beschäftigt, 1933
waren es nur noch 47 % und 1950 noch
42 %.
Dann aber ging es rapide abwärts mit
den Quoten der in der Landwirtschaft
Beschäftigten, obgleich auch heute noch
manche traditionsbewußte Bauern ihre
Höfe mit Aufschriften schmücken wie:
*„Das schönste Wappen in der Welt, das ist
der Pflug im Ackerfeld.“*
In Niederbayern ist die Zahl der Haupt-
und Nebenerwerbsbetriebe auf 50590, in
der Oberpfalz auf 38140 gesunken. Doch
von ‚Agrarfabriken‘ kann dennoch keine
Rede sein. Mit der Landwirtschaft als erster und oft alleiniger Erwerbsquelle sind
in Niederbayern gerade noch 43 211 und
in der Oberpfalz 27074 Personen registriert. Das sind lediglich 9,3 bzw. 6,3 %
der Gesamterwerbstätigen in beiden Regierungsbezirken, so die letzte Zählung
vom Mai 1987, während der bayerische
Landesdurchschnitt bei 7,4 % liegt.
Am stärksten landwirtschaftlich geprägt
sind noch die Landkreise Rottal-Inn
(20,2 % aller Erwerbstätigen arbeiten in
der Landwirtschaft), Straubing-Bogen
(19,9 % Landwirte) und Cham wie
Landshut mit gleichermaßen 15,2 %.

Doch auch in der ‚Kornkammer Bayerns‘, wie der Gäuboden gepriesen wird,
haben im Jahre 1991 von 10000 Schulab-

solventen lediglich 107 junge Leute den
Ausbildungsberuf des Landwirts ge-
wählt. Dies entspricht nur 1 %.
Die Zahl jener Großbetriebe, die 100 und
mehr Hektar ‚unter dem Pflug‘ haben,
ist mit 110 in Niederbayern und mit 78
in der Oberpfalz verschwindend gering.
Dagegen gibt es immer noch Kleinland-
wirte, die nur fünf bis zehn Hektar bewirtschaften, so in Niederbayern 8336
und in der Oberpfalz 5 841.

In den neuen Bundesländern liegt die
durchschnittliche Betriebsgröße in
MecklenburgVorpommern bei 170 Hektar, in Sachsen bei 160 Hektar und in
Thüringen bei 155 Hektar. Werden Ostbayerns Landwirte damit konkurrieren
können?

In den vergangenen zwei Jahrzehnten
hat der landwirtschaftliche Grund und
Boden keinesfalls jene spekulative Stei-
gerung mitgemacht, die am Rande
von Städten für Wohnungsbaugebiete,
Gewerbe- und Industriegebiete Platz ge-
griffen hat. Die Schwankungsbreite der
landwirtschaftlichen Einheitswerte je
Hektar Landfläche liegen auf Gemein-
deebene in Niederbayern zwischen 160
und 2340 DM, in der Oberpfalz zwischen
340 und 2 520 Mark. Vor einem Viertel-
jahrhundert wurden für beide Regie-
rungsbezirke Vergleichszahlen zwischen 350 und 1300 Mark genannt.

Während um die Jahrhundertwende ein
Bauer im Durchschnitt nur bis zu vier
Nicht-Landwirte durch seine Produkte
miternähren konnte, es im Jahre 1950 immerhin zehn waren, werden heute nicht
weniger als 57 Mitbürger von einem einzigen Bauern mit den notwendigen landwirtschaftlichen Produkten versorgt. Im
Beschäftigungsspiegel ist es dagegen so,
daß um die Jahrhundertwende noch drei
von vier Berufstätigen in der Landwirtschaft arbeiteten, heute deren Anteil in
Bayern nur noch gute 7 % ausmacht.

Die landwirtschaftliche Struktur kann
nicht ohne die Bedeutung des Bauern-
waldes gesehen werden, der vor allem
in der Nachkriegszeit einen beachtlichen

wirtschaftlichen Rückhalt der Betriebe darstellte. So stellt Forstdirektor i. R. Hans-Heinrich Vangerow für den Bauernwald der Oberpfalz fest: *„Für die Mehrzahl der bäuerlichen Waldbesitzer kann der Wald keinen ausschlaggebenden Beitrag zur laufenden Existenzsicherung leisten. Er bekommt erst Gewicht, wenn von den über Jahre und Jahrzehnte hinweg angesparten Nutzungsmöglichkeiten Gebrauch gemacht wird. Dann vermag der Wald seine Funktion als Sparkasse voll zu erfüllen und bietet dem Hof einen echten finanziellen Rückhalt. Die Tendenz zur Hortung von Holzreserven ist vor allem in Zeiten hoher Inflationsraten besonders ausgeprägt. Nicht wenige bäuerliche Betriebe verdanken gerade in der Oberpfalz ihre Existenz und ihr Überleben nach zwei Inflationen dem glücklichen Umstand, daß sie in finanzieller Bedrängnis die Rücklagen im Wald abbauen konnten."*

So können sich die Bauern – im Durchschnitt gesehen – in der Oberpfalz wie Niederbayern pro Betrieb über rund fünf Hektar Waldbesitz freuen.

In der Hand von 35250 Bauern sind in der Oberpfalz 243169 Hektar, in Niederbayern gehören 46923 Bauern 235396 Hektar.

Nicht mitgehalten haben mit der allgemeinen Ertragslage die Holzpreise. So wurde im Jahre 1955 im Bereich der Oberforstdirektion Regensburg, die für Niederbayern wie die Oberpfalz zuständig ist, pro Festmeter ein Erlös von 76,70 DM (im Durchschnitt) und 1981 von 126,44 DM erzielt. Die Holzerntekosten dagegen stiegen nach den Berechnungen der Staatsforstverwaltung in diesem Zeitraum von 7,44 DM auf 37,78 DM.

In Gesamtbayern nimmt der Wald ein Drittel der gesamten Fläche ein. Vor al-

Holz, das ist der Waldler Stolz und gleichzeitig die Sparkasse für schlechte Zeiten. Auch bei der Anschaffung teurer Maschinen wurde das Geld für diese Investitionen ‚aus dem Wald' geholt: Es wurde Holz eingeschlagen.

lem in den Hochlagen des Bayerischen wie Oberpfälzer Waldes trifft man fast nur Nadelwald an. Wenn auch bereits im Mittelalter der Wald von der Bevölkerung immer weiter zurückgedrängt wurde, so setzte ab 1800 die planmäßige Bewirtschaftung des Waldes ein.

Als Hauptnutzungsart hat im Vergleich von 1987 zu 1979 das Ackerland in Niederbayern mit 391984 Hektar nur einen Rückgang von rund 400 Hektar Fläche hinnehmen müssen, während in der Oberpfalz ein Absinken von 285200 auf 277384 Hektar feststellbar ist. Wiesenflächen gibt es in Niederbayern 169052, in der Oberpfalz 139321 Hektar. Dominant ist beim Ackerbau das Getreide auf Flächen von 237287 Hektar in Niederbayern und 170220 in der Oberpfalz. Im Vergleich dazu zeigt sich die Kartoffelanbaufläche mit 9041 Hektar in Niederbayern und 12636 Hektar in der Oberpfalz relativ klein, obwohl die Oberpfalz auch heute noch als ‚Kartoffelpfalz' bezeichnet wird.

Weit mehr als Kartoffelbauern gibt es Zuckerrübenanbauer, die in Niederbayern eine Fläche von 23 273 Hektar und in der Oberpfalz 6 149 Hektar im Ertrag haben.

Bei ziemlich konstant gebliebenen Flächen, aber mit nur noch 38 % an Arbeitskräften im Vergleich zum Jahre 1960, hat die Landwirtschaft innerhalb der letzten Generation die Getreideerträge um über 90 %, die Milchlieferung um rund 100 % und die Rindfleischerzeugung sogar um 152 % steigern können. Solche Produktionszahlen bringen auf EG-Ebene große Probleme mit sich, denn es werden um 14 % mehr landwirtschaftliche Produkte produziert als abgesetzt werden können. Bereits Ende der sechziger Jahre wurden die ersten Überschüsse verbucht.

1990 mußten durch die EG 600 DM pro Hektar landwirtschaftlicher Nutzfläche für die Verwertung der Überschüsse aufgewendet werden. Die Grundtendenz also: Während die Marktordnungsausgaben seit 1975 um 150 % und die Produktionsmärkte um 25 % stiegen, sanken die landwirtschaftlichen Einkommen in diesem Zeitraum um 15 %, was mit Eigenkapitalverlust zu Buche schlägt.

Ostbayerns Landwirtschaft wird geprägt von der Milchwirtschaft und sich im Sommerwind wiegenden Weizenfeldern, von den großen Zuckerrübenkampagnen und von der Schweine- und Rindermast. Diese ‚klassische Landwirtschaft' nährt den Bauernstand in erster Linie. Trotz der tragenden Rolle der ‚Hörndl- und Körndlbauern', der ‚Wiazenen und der Schweinernen' (also der Rinder- und Schweinezüchter wie Weizenbauern) ist das Spektrum der Landwirtschaft Ostbayerns viel größer.

Denn wie könnte man nur den Wald- und Hopfenbauern, die Pferdezucht, die Gemüsebauern oder die Oberpfälzer Karpfen vergessen?

Dieses Buch will das breite Feld der Landwirtschaft von heute ‚beackern', ohne jedoch in Zahlen und Fakten nur jene Vollerwerbsbetriebe ins rechte Licht zu rücken, die das Rückgrat ostbayerischer Landwirtschaft darstellen.

Bio-Bauern und Öko-Wirte

Wie bereits der Titel des Buches verheißt, gibt es sie auch in der traditionsreichen Agrarregion Ostbayern – die Biobauern. Bereits in den siebziger Jahren begannen die Pioniere des ökologischen Landbaus hier Fuß zu fassen. 1979 wurde der Biokreis Ostbayern e. V. gegründet, der heute über mehr als 1000 Mitglieder und über 160 Vertragslandwirte verfügt. Tendenz steigend! Dennoch ist nicht alles Gold, was den Bio-Bauern und Öko-Wirten Glanz schenkt. Nicht nur, daß der Großteil der Verbraucher immer noch lieber zum billigen Treibhaus-Kopfsalat aus Holland als zum heimischen, auf Bioland erzeugten Gemüse greift, macht den Biobauern ihr Wirtschaften schwer. Sorgen bereiten den ökologisch orientierten Landwirten die ständig sinkenden Preise für Agrarprodukte konventioneller Produktion und die Tatsache, daß seit 1990 die Zahl der Bio-Betriebe um 50 % (!) zugenommen hat.

Obst vom Biobauern wird immer beliebter. Dort, wo es ungespritztes Obst gibt, ist für guten Absatz auch ab Hof gesorgt.

Sehr stark gestiegen sind allerdings auch die Nachfrage und das Kundenpotential, so daß gegenwärtig der Bedarf an Produkten aus dem ökologischen Landbau nicht mit heimischen Erzeugnissen befriedigt werden kann.

Es fehlt auch an konventionellen Handelssystemen und an der flächendeckenden Infrastruktur beim Vertrieb. Ihre Chance sehen die im ‚Bioland-Verband‘ zusammengeschlossenen Landwirte in der im Juli 1991 für die Europäische Gemeinschaft beschlossenen Schutzverordnung für ökologisch erzeugte Feldfrüchte, der eine ähnliche Regelung auch für Fleisch- und Milchprodukte folgen soll.

Biobauern setzen darauf, daß der Verbraucher den gesundheitlichen Wert biologisch erzeugter Produkte erkannt hat. Der Biokreis Ostbayern hat sich als

gemeinnütziger Arbeitskreis für biologische Landbewirtschaftung, gesunde Ernährung und Umweltschutz die Aufgabe gestellt, die Landwirte bei der Verwirklichung eines naturgemäßen, biologischen Garten- und Landbaus ohne Verwendung bodenschädigenden Düngers und giftiger Schädlingsbekämpfungsmittel zu unterstützen.

Zugleich soll damit die Gewährleistung für eine gesunde Ernährung auf der Grundlage möglichst naturbelassener, unverfälschter Lebensmittel, die unter biologischen Anbaubedingungen erzeugt werden, erreicht werden. Genaue Anbauvorschriften sollen diese ehrgeizigen Ziele verwirklichen helfen. Hier nur eines der umfangreichen Beispiele zur Fütterung von Kühen. Der Biokreis schreibt hier vor, daß die Grundfutterration für die Milchkühe im Winter (Heu, Silage, Rüben) mindestens drei Kilo Heu pro Kuh und Tag enthalten muß. Das Grundfutter im Sommer hat überwiegend aus Grünfutter (möglichst Weidegang) zu bestehen. Kraftfutter soll überwiegend aus Getreideschroten bestehen. Eiweißfuttermittel sollen sich möglichst aus Körnerleguminosen zusammensetzen. Futtermittel tierischer Herkunft – ausgenommen Milcheiweiß – sind ausgeschlossen. Der Biokreis übernimmt aber als Verband keine Vermarktungstätigkeit.

Seit 1985 werden auch seitens der Landwirtschaftsämter Fortbildungskurse für den ökologischen Landbau angeboten.

Seit 1990 gibt es zudem in jedem Regierungsbezirk zusätzlich je einen Spezialberater für den ökologischen Landbau. Darüber hinaus können die Dienstleistungen der gesamten Landwirtschaftsberatung von den Betrieben des ökologischen Landbaus in Anspruch genommen werden.

Die Betriebe des ökologischen Landbaus sollen künftig den übrigen landwirtschaftlichen Betrieben grundsätzlich gleichgestellt werden und erhalten die gleiche Förderung (z. B. bei soziostrukturellem Ausgleich, Ausgleichszulagen, Agrarkredit usw.). Folgende zusätzliche Mittel wurden in erheblichem Umfang von Bayerns Landwirtschaftsministerium bereitgestellt:

– Betriebe, die sich auf ökologischen Landbau umstellen, erhalten fünf Jahre lang eine Hektarprämie. Sie wurde erst heuer auf 500,– DM/Hektar Ackerland und 350,– DM/Hektar Grünland angehoben. Gefördert werden z. Z. 1200 Betriebe mit einer Gesamtprämie von **8 Millionen DM**, d. s. durchschnittlich **6600,– DM/Betrieb** jährlich.
– Für fünf Pilotprojekte im Vermarktungsbereich wurden **1,5 Millionen DM** EG-Mittel und **618000,– DM** aus dem Landeshaushalt bereitgestellt.
– Für zwei Forschungsvorhaben wurden seit 1990 **535000,– DM** eingesetzt.

– Für Markenprogramme steht z. Z. **1 Million DM** mit mehrjähriger Laufzeit zur Verfügung.
– Zur Förderung der Vermarktung erhalten die Zusammenschlüsse von Ökobetrieben in den ersten fünf Jahren eine Förderung von 5 % / 3 % / 3 % / 3 % / 3 % ihrer Verkaufserlöse. Um trotzdem auftretende Startschwierigkeiten zu überwinden, hat Bayern zusätzlich zu dieser Förderung aus Mitteln der Gemeinschaftsaufgabe eine Anschubfinanzierung eingeführt. Aus Landesmitteln werden in den ersten zwei Jahren 80 % der Kosten eines Geschäftsführers übernommen. Das Staatsministerium fördert also bereits die Vermarktung!
– Die Organisationen des ökologischen Landbaus erhielten in den letzten Jahren steigende Zuschüsse, 1991 insgesamt **560000,– DM**. Umgerechnet je Mitglied sind dies rund 350,– DM pro Jahr.

Bohnenanbau

Niederbayerns Donauraum zwischen der Gäubodenmetropole Straubing und Deggendorf ist das Zentrum von Bayerns Bohnenanbau. Jährlich werden hier mehr als 6000 Tonnen größtenteils mit Spezialmaschinen geerntet.

Bullenmast

Mit 7,80 DM pro Kilo Lebendgewicht war die Bullenmast noch ein gutes Geschäft. Bis Anfang der neunziger Jahre mußte auf 6 DM abgespeckt werden. Grund dafür auch: Das Interventionssystem, das alles kaufen ließ, was der Markt nicht mehr aufnahm, klappt nicht mehr, nachdem der Kalte Krieg beerdigt wurde.

Was läßt sich dabei verdienen? Im ‚Bayerischen Landwirtschaftlichen Wochenblatt' im Juli 1991 war zu lesen: *„So verzeichneten die guten Betriebe mit rund 100 Mastplätzen und einer Flächenausstattung von 50 Hektar im Wirtschaftsjahr 1989/90 rund 105000 DM Gewinn"*, gemeint ist jedoch der Verkaufserlös. Zuchtbullen aus Niederbayern sind gefragt. Bei der DLG-Fachausstellung ‚Tier und Technik' 91' in Frankfurt wurde der Fleckviehbulle ‚Rada' von der Besamungsstation Landshut-Rotthalmünster als Bundessieger ausgezeichnet. Sein Gewicht: 1300 Kilo.

Chinakohl-Anbauer

Niederbayerns ‚Gemüsekammer' liegt rund um Künzing im Landkreis Deggendorf. Bereits in den 60er Jahren hatten sich vier Dutzend Landwirte im Künzinger Erzeugerring entschlossen, auf über 120 Hektar Ackerfläche Kohl aus dem Reich der Mitte anzubauen. Sieben Millionen Chinakohlköpfe, die bis nach Finnland über den Polarkreis exportiert wurden, können als großer Erfolg verbucht werden, wenn man bedenkt, daß dieser Gemüseerzeugerring erst im Jahre 1968 gegründet wurde. Natürlich ist Künzing auch die Heimat von Weißkrautköpfen und anderen Gemüsesorten.

Fischzucht und Teichwirtschaft

Die Oberpfalz kann sich über Deutschlands größten Karpfenwinkel glücklich schätzen. In einer Teichlandschaft von über 14000 Hektar Fläche schwimmen jährlich über hundert Tonnen Karpfen 3500 Teichwirten ins Netz. Nicht nur die Fischfreunde in Bayern profitieren davon, wenn im Herbst alljährlich die idyllisch gelegenen Teiche abgefischt werden. Die Oberpfälzer Karpfen gehen als Tiefkühlkost, Fertiggerichte und Räucherware in die ganze Bundesrepublik, was vor allem die erste bundesdeutsche ‚Teichwirtschaftliche Erzeuger- und Vermarktungs-Genossenschaft' möglich machte.

Krauternte in Niederbayern.

In der oberpfälzischen Seenplatte prägen Hunderte von Seen die Landschaft. Es sind vor allem Karpfenteiche, die hier jährlich Tausende Tonnen Fische liefern.

Gewürzanbau

Der Blattpetersilien-Feldanbau wird in ganz Bayern bereits auf einer Fläche von 183 Hektar mit den Sorten Gekrulde, Triplex, Hilmar, Sel, Vilm, Verbo und Afro erfolgreich praktiziert. Denn: Nicht nur bei Salat, Gemüse, Fleisch-, Fisch- und Eier- wie Quarkspeisen darf Petersilie nicht fehlen, sondern er spielt auch ernährungsphysiologisch wegen seines Vitamin-C-Gehalts und des Karotins seine appetitanregenden Trümpfe aus. Petersilie wird zur Herstellung von Arzneien bei Harnwege-Erkrankungen und zur Vorbeugung gegen Nierengrieß eingesetzt. Dr. Ulrich Brohmme von der Bayerischen Landesanstalt für Bodenkultur und Pflanzenbau in Freising: *„Im Gegensatz zu vielen anderen Arten aus dieser Fruchtartengruppe befindet sich der einjährige Feldbau von Blattpetersilie bereits*

Ein großes Erlebnis: das Abfischen der oberpfälzischen Karpfenteiche im Herbst.

auf einer sehr hohen Mechanisierungsstufe, die sowohl die Aussaat auf das Feld (Ende März/Anfang April) mit Drillmaschinen wie auch die drei- bis fünfschnittige Ernte mit umgebauten Mähdreschern und Grünguterntern umfaßt."

Geflügelzucht

Schon in mittelalterlichen Zeiten gehörten die fleißig scharrenden Hühner und der ins Bauernhaus integrierte Hühnerstall, die Tauben auf dem Dach und Gänse und Enten beim Bauern wie Häusler einfach dazu, weil sie den Speisezettel ergänzten. Gefüllte Hühner und Tauben, der Kirchweih-, Martini- und Weihnachtsbraten, das heilende Gänseschmalz und die Bettfedern zur Aussteuer lohnten die Müh', die sich Bauer und Bäuerin teilten. Während Hühner, Gänse und Enten zum Reich der Bäuerin gehörten, waren die Tauben seit jeher die Domäne des Bauern. Denn damit war ja

Tüchtig gerupft werden die Kirchweih- und Martinigänse. Begehrt sind ihr delikates Fleisch wie auch ihre wertvollen Daunen.

auch viel geselliges Leben in den Brieftaubenvereinen und bei Taubenmärkten in der Fastenzeit und vor allem am Aschermittwoch verbunden.

Dem Federvieh haben sich in der Oberpfalz 12420 Legehennen- und 2709 Masthühnerhalter verschrieben, die in ihren Ställen insgesamt 3,5 Millionen Stück Federvieh halten. In Niederbayern sind es 15597 Legehennen- und 4211 Masthühnerhalter mit zusammen 3,8 Millionen Hühnern. Für die Festtagstafel sorgen in ganz Ostbayern fast 1900 Gänse-, Enten- und Truthühnerhalter mit 144000 Stück Federvieh.

Doch daneben gab es schon lange einige Exoten. Perlhühner, die in ihrer Heimat Ägypten als die Pharaonenhühner galten, liefen früher auf vielen Höfen frei herum. Das oft mehr zur Freude der Kinder als wegen der delikat schmeckenden Eier! Der Truthahn dagegen war wegen seines ‚neunerlei' Fleisches mehr gefragt. Wer Wirtshaus und Bauernjagd miteinander verbinden konnte, der züchtete auch schon mal den Jagdfasan. Er wird in größeren Volieren im Freien gehalten und mit Weizen und Hafer bis zur Schlachtreife gemästet. Er erreicht ein Lebendgewicht von einem bis eineinhalb Kilo.

Und darf man den Marktprognosen glauben, dann werden japanische Wachteln künftig eine neue Marktlücke füllen. Die Wachtelweibchen können in einer Legephase von acht bis zehn Monaten etwa 200 Eier mit einem Gewicht von je 13 Gramm legen.

Getreideanbau

Um die Jahrhundertwende konnten die Bauern pro Hektar zehn bis zwölf Doppelzentner auf einem Hektar Weizenfeld ernten. Die Ähren zählten damals durchschnittlich zwölf Körner. Kreuzungen im Jahre 1935 brachten es immerhin schon auf 20 Körner pro Ähre und damit auf 22 Doppelzentner pro Hektar. Spitzenerträge mit 30 bis 40 Körnern pro Ähre und 80 Doppelzentner Ernteerfolg pro Hektar sind heute keine Seltenheit mehr. Für das Jahr 2000 sollen es 100 Doppelzentner pro Hektar sein.

Heilpflanzen

Medizin nicht von der Chemie, sondern direkt vom Feld: Der Erzeugerring Künzing hat damit im Jahre 1983 Pionierarbeit geleistet. In der Nähe von Deggendorf also wurde auf 25 Hektar Baldrian angebaut. Auch mit dem Anbau von weiteren Heilpflanzen wie Sonnenhut, Pimpinelle und Engelwurz wurden hier bereits vor einem Jahrzehnt die ersten Erfahrungen gewonnen.

Hopfenanbau

In Niederbayerns Hallertau wird von 2927 Hopfenbauern das weltgrößte Hopfenanbaugebiet mit einer Anbaufläche von insgesamt 17360 Hektar in 52 Gemeinden bestellt. Das Anbaugebiet im Jura reicht mit einer Gemeinde in die Oberpfalz herein, wo in der Gemeinde Neustadt/Donau 13 Hopfenanbauern seßhaft sind. Diese bewirtschaften jedoch nur eine Anbaufläche von 81 Hektar.

Das ‚Grüne Gold' wurde vor über 900 Jahren erstmals dem Bier beigemischt, damit es wirklich Bier nach unserem heutigen Geschmack wurde. Bayern war dabei Vorreiter für das gehopfte Bier, denn dieser würzige Zusatz wurde für das Bierbrauen amtlich vorgeschrieben. Und mit dem Reinheitsgebot des Jahres 1516, erlassen von Bayernherzog Wilhelm IV., wurde unter weißblauem Himmel das älteste Reinheitsgebot der Welt geboren, da Bier fortan bis zum heutigen Tage nur aus Wasser, Hopfen, Hefe und Malz gebraut werden darf. Ohne Hopfen würde das Bier ziemlich fad geschmeckt haben, denn die richtige Würze ist eben nur durch den Hopfen erzielbar.

1989 ernteten 4000 bäuerliche Betriebe 550000 Zentner zu einem Marktpreis von 375 DM pro Zentner. Hans Bleibrunner, Bezirksheimatpfleger von Niederbayern, schildert 1968 die Hopfenernte in der Hallertau noch so:

„Zwischen dem 25. August und dem 15. September ist Hopfenernte. Sie brachte bis vor wenigen Jahren buntes Leben in die Hal- *lertau. Um diese Zeit kamen Zehntausende, ein Mehrfaches der Einwohnerschaft, aus allen Teilen des Landes, besonders aus dem Bayerischen Wald, um das kostbare Gold der Hallertau zu bergen. Jeder Hopfenzupfer bekam vom Dienstherrn einen Korb und einen einfachen Schemel. Damit ging es täglich beim Morgengrauen hinaus aufs Feld. War der Korb gefüllt, so wurde er beim Hopfenmeister, der die Erntearbeit beaufsichtigte, in einen Metzen umgeleert. Dies ist ein Blechkübel mit 70 Liter Inhalt. Ein guter Pflücker brachte es bei einer normalen Ernte auf 8 bis 12 Metzen pro Tag. Bei freier Kost und Wohnung und bei Übernahme aller Soziallasten und der Reisekosten durch den Bauern wurden in den letzten Jahren 1,80 bis 2,00 DM pro Metzen und darüber bezahlt."*

Doch heute ist der Hopfenzupfer ausgestorben, seine Arbeit wird auch hier von Maschinen wahrgenommen.

Kartoffelanbau

Der Kartoffelverbrauch auf den bundesdeutschen Speisenkarten ist im Sinken. Doch Niederbayern will sich diese Stärke nicht aus der Hand nehmen lassen. Im Juli 1991 wurde in Mamming eine Planungsgesellschaft zur Errichtung einer Stärkefabrik in Niederbayern gegründet. Rund 5000 Hektar sollen damit aus dem Getreideanbau zugunsten des Kartoffelbaus zur Erzeugung von 185000 Tonnen ‚Erdäpfel' genommen werden.

700 Landwirte schlossen sich spontan dieser Idee an. Und dabei können sich zum Beispiel die Frühkartoffeln zu einem Preis auf dem Markt behaupten, der nie dagewesen ist: im Regensburger Markt das Kilo mit rund einer Mark im Frühjahr 1991.

Krebsezüchter

Anfang der 80er Jahre entwickelte sich die Oberpfalz um das Gebiet Plößberg zum bayerischen Krebs-Mekka. Jahrhundertelang war dieser ‚Unterwasser-Ritter' auf dem Rückzug hin zur ‚Roten Liste' der aus-

Der Lallinger Winkel, Landkreis Deggendorf, zeigt sich im Herbst als die ‚Obstschüssel' Ostbayerns.

sterbenden Tiere. Dem weißblauen Krebs hatte ein Artgenosse schließlich den Rest gegeben: der nordamerikanische Signalkrebs, den ahnungslose Teichwirte zur Blutauffrischung eingesetzt hatten, aber sich dann als Überträger der gefürchteten Krebs-Pest entpuppte.

Milchwirtschaft

Im Jahre 1880 betrug die Durchschnittsleistung pro Kuh 1800 Liter Milch. Die Leistungsspitze von damals ist uns mit 3000 Litern überliefert. 1960 wurden in Ostbayern immerhin nicht mehr als 3000 Liter erreicht, in Spitzenbetrieben höchstens 4000 Liter. Mit Fleckvieh und Schwarzbunten werden heute in Ostbayern teils mehr als 6000 Liter pro Kuh erzielt.

Im Bayerischen Wald haben Landwirte und Metzger gemeinsam ein regionales Marktprogramm für Färsenfleisch aufgebaut. Der Grund dafür, so der Landwirt Josef Wieser aus Arnbruck-Hötzelsried in einem Interview: *„Die Massenware können andere billiger produzieren, wir müssen beim Fleisch auf Qualität setzen. Wenn auch Färsen nur als ‚Nebenprodukt' der Milchwirtschaft gelten, so konnte innerhalb kürzester Zeit erreicht werden, daß das fein marmorierte, kirschrote, zarte und saftige Fleisch einen zufriedenen Abnehmerkreis fand."* Bauern, die in einem ‚Verein Bayerwald-Qualitätsfleisch e. V.' zusammengeschlossen sind, verpflichten sich zur Einhaltung verschiedener Vorschriften. So sind nur Fleckvieh oder Fleischrinderrassen zugelassen. Zudem müssen die Bauern am Programm ‚Offene Stalltür' mitmachen; der Einsatz von Masthilfemitteln ist verboten.

Obstanbau

Obwohl weder Niederbayern noch die Oberpfalz sich mit klassischen Obstanbauländern messen können, so stehen z. B. in Niederbayern im Frühjahr 893012, in der Oberpfalz 450704 Apfelbäume in vollster Blüte, die in Niederbayern im Durchschnitt je 32,4 Kilo Obst, in der Oberpfalz

25,7 Kilo abwerfen. Doch die Apfelbäume stehen natürlich nicht allein auf weiter Flur. Birnbäume gibt's in Niederbayern 311790 und in der Oberpfalz 161319, Süßkirschen 126909/76021, Sauerkirschen 75385/38018, Pflaumen 520605/339797, Aprikosen 7352/1301, Walnüsse 43711/16240. Doch es gibt auch noch Mirabellen und Pfirsiche im gewerblichen Anbau. Alles in allem stehen in ganz Ostbayern über drei Millionen ertragsfähige Bäume, die im Durchschnitt über 20 Kilogramm Obst erbringen.

Immer mehr breitet sich der Erdbeer-, Johannisbeer- Stachelbeer- und Himbeer-Erwerbsanbau aus. So stehen in den beiden Regierungsbezirken bereits rund eine Million Johannisbeersträucher (Ertrag pro Strauch 2,5 Kilogramm). 190 Hektar sind Erdbeerland mit einem Ertrag von rund 80 Dezitonnen pro Hektar.

Pferdezucht

Zu Beginn der sechziger Jahre dieses Jahrhunderts schien der Niedergang des Pferdes als des Bauern Stolz und prägend für die alte Fuhrmannsherrlichkeit besiegelt. Der Pferdebestand verringerte sich damals in Bayern um 62 %. Doch in Ostbayern wurde selbst in Zeiten, in denen oft 100 PS starke Traktoren in den Geräteschuppen stehen, die Liebe zum Pferd nicht geschmälert, wenn auch die Pferde auf den Bauernhöfen nur zum Reiten dienen und zum Kutschenfahren eingespannt werden. Niederbayern wartet (allein in landwirtschaftlichen Betrieben) mit 2936 Pferdehaltern auf, die 9406 Pferde (davon 2360 Kleinpferde) in ihren Ställen stehen haben. In der Oberpfalz sind es 1691 Pferdehalter mit 6060 Pferden (1370 Kleinpferde). Besonders die Rottaler trauern hier der ‚guten alten Zeit' nach, denn vor allem ihr Gebiet gilt als das klassische Land der Pferdezucht. Die Rottaler Warmblut-Pferde waren einst als Zug- und Reitpferde weitum im Lande begehrt.

Entlang der Donau weiden vom Frühjahr bis in
den späten Herbst von Wind und Wetter ‚gegerbte'
Schäfer ihre großen Schafherden mit oft mehreren
hundert Schafen und Lämmern.

Rinderhaltung

Die Zahl der Rinderhalter schrumpft
von Jahr zu Jahr mehr. 1990 verringerte
sich die Zahl in Bayern um 4 %. In der
Oberpfalz blieben noch 18303 und in
Niederbayern 23776 Rinderhalter über.
In ihren Ställen zählte man Ende 1990
(einschließlich der Kälber) in der Oberpfalz 586801 Stück, in Niederbayern
752354 (siehe auch Milchwirtschaft).

Schafzucht

Nicht zuletzt ist es der Schafhaltervereinigung im Bayerischen Wald und ihrem
1. Vorsitzenden Franz Hirtreiter zu verdanken, daß diesem Fleisch- wie Wollie-

Kälberaufzucht.

Die Schweinezucht wird nicht nur von den Groß-
mästern, sondern auch im Nebenerwerb betrieben.
Hausschlachtungen sind bei Häuslern wie Bauern
an der Tagesordnung – das jedoch nur während
der kalten Jahreszeit.

Schweinehaltung

Das niederbayerische Schwein spielt in
ganz Bayern eine tragende Rolle. Die
insgesamt 14555 Schweinehalter (Zählung von 1970) lassen mit insgesamt
1065207 Stück Borstenvieh selbst den –
von der Zahl her gesehen – Rekord-
schweinehalter Mittelfranken (mit 16760
Schweinezüchtern) weit hinter sich. In
der Oberpfalz steht man jedoch nicht so
sehr auf Schwein. Hier halten 11875 gerade 296241 Stück. Interessant ist, daß
zwar die Zahl der Schweinezüchter 1990
bayernweit um fast 6 % abgenommen
hat, die Zahl der Schweine jedoch lediglich um 0,3 %. Daß einst größte Rivali-
täten zwischen Weizenanbauern und
Schweinezüchtern bestanden haben,
daran erinnert sich heute kaum einer
mehr. In der ‚Bavaria', einer im Jahre
1860 erschienenen ‚Landes- und Volkskunde des Königreichs Bayern', klagte
jedoch der Chronist:
*„Nicht selten stehen ganze Dorfschaften ih-
ren Nachbarsgemeinden im Kampfe gegen-*

Vom Mai bis zum Johannistag im Juni wird bei
Abensberg der Spargel ‚gestochen'.

feranten auf den Weiden Ostbayerns eine
neue Zukunft eingeräumt wurde. 50521
Schafe, so die Viehzählung am 3. Dezember 1990, grasen allein in Niederbayern
auf den Weiden von 2104 Schafzüchtern.
In der Oberpfalz wurden 1223 Schafhal-
ter mit 29578 Tieren gezählt.
Die Schafhaltervereinigung wurde weit
über Bayern hinaus auch noch aufgrund
ihrer entwickelten Selbstvermarktungs-
schienen bekannt. Damit wurde das
Schaffleisch – in seinen verschiedensten Zubereitungsarten – auf den Speisenkarten Ostbayerns wieder zu einem
begehrten Gericht.

Regensburg und sein Weichser Radi gehören zusammen – und im Mittelpunkt steht mit ihrem Marktstandl die ihre Kundschaft humorvoll bediende Marktfrau.

über, man organisiert sich förmlich im Raufen; im Rotthale bestanden vor drei Jahrzehnten in den ,Wiazenen' (also den Weizenanbauern) und die ,Schweinernen' (den Schweinezüchtern) erbitterte Raufgesellschaften."

Spargelanbau

Der ,König des Gemüses' wächst seit nunmehr mehr als acht Jahrzehnten nicht nur in Schrobenhausen und im Frankenlande.

Nein, das ,bleiche Gold' schießt auch im niederbayerischen Abensberg aus den ,Bifängen'. Und die Abensberger wollen schon seit Jahren ihre Spargelfreunde direkt vor Ort haben und werben mit dem Slogan ,Den Spargel dort essen, wo er wächst' alljährlich von Mitte Mai bis zum Johannistag für einen Besuch ihres Erzeugergebietes.

Rapsanbau

Anbau von Raps hat Zukunft. Bayernweit wurde die Anbaufläche allein bei Winterraps von 1989 bis 1990 um 40 % auf 142300 Hektar ausgeweitet. Der Durchschnittsertrag bei Winterraps lag in der Oberpfalz bei 31,4 Dezitonnen, in Niederbayern bei 31,9 Dezitonnen pro Hektar. Gute Ansätze für ein Bio-Dieselgas der Zukunft!

Aus 30000 Tonnen Raps lassen sich nämlich rund 10000 Tonnen Bio-Diesel, 19000 Tonnen Rapskuchenschrot (hoch-

Wenn der Raps blüht, zeigt sich Ostbayerns Landschaft inmitten des frühlingshaften Grüns von breiten, blendend gelben Streifen durchzogen.

wertiges Eiweißfutter für Rinder und Schweine) und 1000 Tonnen Glyzerin als Rohstoff für die Chemieindustrie praktisch in einem Prozeß herstellen. Die Feldbestellung mit von Bio-Diesel getriebenen Traktoren ist überaus um-

weltfreundlich. Denn ein Liter normaler Diesel, der ausläuft, kann eine Million Liter Grundwasser zerstören.
Bio-Diesel dagegen ist ungiftig und innerhalb von drei Wochen zu 98 Prozent abbaubar.

Auch das Melken der ‚Eisenbahner-Kühe' muß nicht mehr nur von Hand geschehen.

Ziegenhaltung

In Ostbayern gehört die ‚Eisenbahner-kuh' längst nicht nur ins Märchenbuch. Geradezu als Geheimtip für Feinschmek-ker werden Ziegenmilch und Ziegenkäse gehandelt.

Auch das Bayerische Landwirtschaftsmi-nisterium hat den munteren Wiederkäu-er nicht ins meckernde Abseits gestellt und unterstützt die Ziegenhalter durch gezielte Fachberatung. Der Verband der pfälzischen Ziegenzüchter zählt immer-hin an die 100 Landwirte.

Neue Perspektiven in krisenvollen Zeiten

Alles andere als rosig ging das Jahr 1991 auch für Ostbayerns Bauern mit dem Wunsch zu Ende: *„Stoppt MacSharry (Vorsitzender der EG-Kommission zur Agrarreform) – Bauern bringen Leistung!"* Die neuesten EG-Vorschläge zielen darauf ab, den Getreidepreis und die Produktion bis zu 35 % zu senken, die Milchquote um weitere 4 % zu kürzen und die Interventionspreise für Butter- und Magermilchpulver ebenfalls zu senken. Zudem: Eine Schlachtprämie von 235 DM soll es für jedes männliche Kalb aus Milchkuhherden geben, wenn es vor dem zehnten Lebenstag geschlachtet und in die Tierkörperbeseitigungsanlage anstatt zum Metzger oder zur Mast kommt.

Aufgrund der gesamteuropäischen Marktüberschüsse, die bereits seit 1960 immer mehr zu einem Problem wurden, sind die Preise für landwirtschaftliche Produkte total in den ‚Keller gesunken'. Immer mehr zeichnete es sich Ende 1991 ab, daß das Reformkonzept der EG-Kommission trotz landesweiter Bauernproteste vom Grundsatz her, wenn auch nicht in der geforderten Größenordnung, durchgesetzt wird. Demnach müßten runde 25 % der landwirtschaftlichen Nutzfläche in der gesamten EG der Nahrungsmittelerzeugung entzogen werden.

In Ostbayern ging man bislang noch recht behutsam mit der Stillegung landwirtschaftlicher Flächen um. So werden

In den letzten Jahren häuften sich die Proteste der Bauern gegen die Nachteile der EG-Politik, die ihnen immer größere Einkommenseinbußen bescherte.

Der Gäuboden, oft auch die Kornkammer Deutschlands genannt, aus der Vogelschau fotografiert. In der Erntezeit dominieren die sich im Wind wogenden Weizenfelder.

in Niederbayern wie in der Oberpfalz jeweils nur 2700 Hektar Land nicht mehr bestellt. Dies entspricht nur etwa 0,5 % der gesamten Nutzfläche.

Bei der Meisterbriefverleihung an die Meisterinnen und Meister der Landwirtschaft Anfang Dezember 1991 stellte Ministerialdirektor Alfred Schuh vom Bayerischen Staatsministerium für Ernährung, Landwirtschaft und Forsten namens seines Ministeriums folgende aktuelle Zukunftsprognose (nachfolgend ein Auszug):

„Unsere Bauern werden damit fertig werden müssen, daß sich ihre Vorstellungen zur Agrarpreispolitik nicht durchsetzen lassen. Die dafür vorgesehenen Ausgleichsbeträge wirken nivellierend und führen zum ‚gläsernen Bauern'. Mit der Verlagerung der Stützung der Landwirtschaft vom Agrarpreis zur Ausgleichszahlung werden unsere Bauern erst einmal fertig werden müssen.

Vor größten Schwierigkeiten stehen die Vollerwerbsbetriebe, die enorme Wachstumsschritte vornehmen und finanzieren müssen. Dazu brauchen wir echte Unternehmer. Unsere Bauern müssen lernen, daß sich der Markt nicht nach der Produktion richtet und daß das Zeitalter staatlich garantierter Intervention und staatlich gesicherten Absatzes in spürbaren Schritten zu Ende geht.

Es gilt daher, kostengünstig und marktorientiert zu erzeugen und die Vermarktung straff zu organisieren. Wir schauen bewundernd auf die schlagkräftigen Vermarktungsorganisationen der Holländer, waren aber bisher nicht in der Lage, etwas Vergleichbares auf die Füße zu stellen. Hier sind die Bauern und ihre Organisationen gefordert, nicht die Beamten und der Staat. Statt zusammenzugehen und zusammenzustehen sind Bayerns Bauern in unzähligen Vereinen, Verbänden, Gemeinschaften und Genossenschaften organisiert.

Eine besondere Herausforderung in Bayern ist es, daß noch innerhalb dieses Jahrzehnts die Futterflächen von 300000 bis 400000 Milchkühen anderweitig genutzt werden müssen, z. B. durch Mutterkuh- und Schafhaltung."

Viele Hilfen werden gegen das ‚Bauernsterben' angeboten, wenige helfen. Programme um Programme werden aufgelegt, Umschulungsmaßnahmen propagiert, die extensive Ackerbewirtschaftung gefördert.

Nur ein paar Beispiele, die keinesfalls als repräsentativ zu bezeichnen sind, aber Schlaglichter auf die Auswege aus der Krise werfen, sollen nachfolgend aufgezeigt werden.

Extensive Ackerbewirtschaftung wird mit Zuschüssen belohnt

Gerade für Ostbayerns Bauern ist aufgrund der vielen Hanglagen das Bayerische Kulturlandschafts-Förderprogramm interessant, das mit einer Laufzeit von fünf Jahren auf die extensive Ackerbewirtschaftung abzielt. Voraussetzung ist, daß der Betrieb pro Hektar Grundbesitz nur 1,5 Großvieheinheiten im Stall stehen hat und die Felder Hangneigungen von 12 % aufweisen. Eingehalten werden muß die Fruchtfolge Kleegras, Rotklee, Grassamen, Roggen, Hafer, Dinkel, Sommergerste oder Brache. Dann gibt's pro Hektar 400 DM Zuschuß. Wird auch auf Handelsdünger verzichtet, erhöht sich die Prämie auf 600 DM. Neben dieser Variante können unabhängig von der Fruchtfolge für Felder, auf denen auf Pflanzenschutzmittel und mineralische Stickstoffe verzichtet wird, 300 DM pro Hektar vereinbart werden. Erfolgt überhaupt keine Düngung mehr, werden 600 DM pro Hektar bezahlt.

Der Bauer als Computerfachmann

Von Bayerns Staatsministerium für Ernährung, Landwirtschaft und Forsten wird angesichts der unbefriedigenden Einkommensentwicklung in der Landwirtschaft zur Schaffung eines Zusatzeinkommens geraten, um die Existenz der bäuerlichen Familien zu sichern. So wurden im Dezember 1991 erstmals als ‚Fernstraßen der Zukunft' Schulungen für Landwirte zu hochspezialisierten Computerfachleuten angeboten, die auf dem Bauernhof ihren Arbeitsplatz beibehalten können. Das Pendeln von der Wohnung zum Arbeitsplatz würde sich durch Telearbeit oftmals erübrigen. Die Bildschirme werden über eine eigens verlegte Hochgeschwindigkeitsleitung mit der Firma verbunden, so daß eine direkte Kommunikation zwischen Landwirt und Firma möglich sein würde. Der Vorteil: Der Landwirt kann seine Flächen weiterhin bewirtschaften, auf seinem Hof mit der Familie wohnen und durch diese qualifizierte außerlandwirtschaftliche Arbeit ein entsprechendes Zusatzeinkommen erwirtschaften. Landwirten der Oberpfalz wurde 1991 bereits ein 60-Wochen-Einarbeitungskurs geboten. Die Teilnehmer hatten in der Regel eine qualifizierte landwirtschaftliche Ausbildung bis hin zum Meister hinter sich.

Rohstoffe vom Acker

Landwirtschaftliche Erzeugung mit Zukunft: Kulturpflanzen sollen als Rohstofflieferanten vermarktet werden. Bereits 1990 wurden in Bayern rund 25 Millionen Mark für nachwachsende Rohstoffe ausgegeben. Weiter soll zum Beispiel Flachs im technischen Bereich so häufig eingesetzt werden wie im textilen. Zu Geovlies verarbeiteter Flachs wird vor allem im Gartenbau und in der Landschaftspflege beim Anlegen von Böschungen gebraucht. 1992 sollen bereits 300000 Pflanzbecher aus Flachs in Bayerns Gärtnereien zum Einsatz kommen. Anstatt aus Plastik können auch Auto-Innenteile wie Armaturen aus Faserpflanzen hergestellt werden. Pflanzliche Öle aus Raps und Sonnenblumen sind nicht nur zur Weiterverarbeitung zu Treibstoff und Industrieöl geeignet. In der Bauindustrie soll pflanzliches Schalungsöl das bisher verwendete Mineralöl ersetzen und so Grundwasser und Boden schonen.

In der chemischen Industrie kann aus Kartoffeln und Mais gewonnene Stärke zu Bioplastik verarbeitet werden. Einsatzgebiete wären hier in der Verpakkungsindustrie geboten, um damit herkömmliches, nicht abbaubares Plastik zu ersetzen.

Schafwolle begehrt für gesunde Wärmedämmung

Schafe scheren muß künftig kein Verlustgeschäft mehr sein. Das Kilo Schafwolle hatte 1991 einen Marktpreis von 50 Pfennig. Das Scheren kostete 3 DM pro Schaf, was ein Verlustgeschäft von 1,50 DM ausmachte. Versuche bestätigen, daß Schafwolle gut Steinwolle und geschäumten Kunststoff als Isoliermaterial für Häuser ablösen könnte. Einziges Hindernis ist vorerst noch der Marktpreis, der derzeit noch rund um die Hälfte höher liegt als bei herkömmlichen Dämmstoffen.

‚Pinzgauer Rind‘ für den ‚sanften Tourismus‘

Gedanken über alternative Landwirtschaft in Bayern macht sich auch der Bund Naturschutz. So denkt die Kreisgruppe Passau daran, zusammen mit einer Gemeinde und ökologisch wirtschaftenden Bauern ein größeres Wiesengrundstück anzupachten. Darauf gehalten werden soll die stark bedrohte Haustierrasse des Pinzgauer Rindes, das früher hier heimisch war. Der Weidebetrieb soll so erfolgen, daß das Kalb solange bei der Mutter bleibt, bis das nächste Kalb geboren ist, so der Passauer Kreisvorsitzende Karl Haberzettl. Die Tiere wären dann auch das ganze Jahr über auf der Weide. Wie Haberzettl meint, *„ist hierbei der Gemeinde gedient, deren landschaftliches Umfeld aufgewertet wird, und natürlich dem Arten- und Biotopschutz, da man einer gefährdeten Tierrasse auf einer ökologisch wertvollen Fläche das Überleben ermöglicht“.*

Diese Beispiele ließen sich dutzendweise fortsetzen, was aber den Rahmen dieses Buches sprengen würde.

Urlaub auf dem Bauernhof –
Zur Geschichte einer zusätzlichen Erwerbsmöglichkeit

Auch das gehört zum Urlaub auf dem Bauernhof: eine Ausfahrt mit Pferdewägen durch Wald und Flur.

Auf dem Bauernhof gab es beschauliches Leben auf Zeit schon lange vor dem Zeitpunkt, als so manches ländliche Kloster entdeckte, daß Stille und Naturverbundenheit abseits vom Massentourismus für den gestreßten Großstädter eine echte Urlaubs-Marktnische sein könnten. Hatte dieses Freizeitangebot in den Vor- wie Nachkriegsjahren oft einen ‚Arme-Leute-Anstrich‘, beweisen gerade jene Familien, deren Kinder mit ihren Enkeln den alten, aber später dann modernisierten Quartieren treu geblieben sind und damit das unmittelbare Leben auf dem Lande dem Komforthotel vorziehen, das Gegenteil.

Die Gemütlichkeit und die Einbindung in die Familie und zum Teil auch in die Arbeitswelt des Bauern wie ins Dorfleben selbst ist gleichgeblieben. Der Komfort hat sich gutbürgerlichen Gasthöfen angepaßt. Das ‚Häusl‘ mit dem Herzen in der hölzernen Eingangstür hat für Bauer und Urlauber längst ausgedient. Urlaub auf dem Lande zu machen, dort die ‚Sommerfrische‘ zu genießen, dazu wurde selbst in den Zeiten des Dritten Reiches überaus eifrig eingeladen, so daß Tausende von Menschen aus allen deutschen Gebieten mit ‚Kraft durch Freude‘ in die Mittelgebirgsgegend des Bayerischen wie Oberpfälzer Waldes strebten. Doch beim Wirt auf dem Lande, der damals zumeist auch eine Landwirtschaft besaß, war noch nicht alles für die ‚Sommerfrischler' so wie es sein sollte.

Der Heimatdichter Max Peinkofer beklagte im ‚Grafenauer Anzeiger' in den dreißiger Jahren: *„Im großen und ganzen haben sich die KdF-Urlauber sehr lobend über die Aufnahme und Verpflegung in unseren Wirtschaften ausgesprochen. Aber es gibt auch da noch vieles zu verbessern und zu ändern. Peinlichste Reinlichkeit, anheimelnde Räume, gute Lüftung, anständige Aborte sollen überall anzutreffen sein und zwar nicht bloß den Sommer über. Die Herstellung wirklichen Kaffees ist mancher Küche immer noch ein Buch mit sieben Siegeln. Es ist auch darauf Rücksicht zu nehmen, daß die Norddeutschen bei den Mahlzeiten Wert legen auf reichliches und gut zubereitetes Gemüse und daß sie die großen Fleischportionen gar nicht wünschen, wenn sie ausreichend Zutaten vorgesetzt bekommen."*

Auch damals blühte für den ‚Sommerfrischler' bereits der Andenken-Kitsch. Peinkofer schreibt darüber, daß ihm die wenigen Haare seines alternden Hauptes zu Berge gestiegen seien. Die Krone von allem, was er im Andenken-Schaufenster gesehen hatte, war ein Miniatur-Klo aus Porzellan mit Holzdeckel. Der Abortsitz selbst war mit einem schlecht gemalten Bild einer Donaustadt geschmückt und sollte zu Hause als Senfgefäß dienen. Peinkofers Beobachtungen weiter: *„Und damit man an dieser ungeheueren Verirrung noch mehr Freude habe, sind damit zwei hübsche Nachttöpfe verbunden, in denen der glückliche Besitzer Salz und Pfeffer verwahren kann. Ich rufe jedem ein herzliches ‚Mahlzeit!' zu, der solchen Kitsch auf irgend einem Eßtisch antrifft."*

Der ‚Urlaub auf dem Bauernhof' wurde von den Hofbesitzern als Gastgeber von einer Generation auf die nächste weitervererbt. In den zwanziger Jahren dieses Jahrhunderts war am Meier-Hof in Schabenberg bei Schönberg die Familie des Münchner Druckereibesitzers Theodor

Bleicher jeden Sommer zu Gast. Als Familienvorstand hatte Theodor Bleicher in sein Tagebuch alles notiert, was das Urlaubmachen zur damaligen Zeit schön, zugleich aber auch problematisch machte.

Ganz abgesehen davon, daß durch Inflation und Arbeitslosigkeit kein Geld unter den Leuten war, war schon die Anreise äußerst schwierig und zeitraubend. Auch mit der Eisenbahn war es damals fast eine Tagesreise von München in den Bayerischen Wald, und dann stand die Familie erst einmal am Bahnhof in Grafenau. Hatte anfangs der Herbergsvater seinen ‚Stadtfrack', bzw. dessen Gepäck, noch mit dem Schubkarren zwei Stunden von Grafenau bis zu seinem von Grafenau acht Kilometer entfernten Berghof transportiert, so wurde die später sich vergrößernde Familie mit dem Ochsengespann von Grafenau abgeholt. Bei dem eisenbereiften Wagen und den steinigen Wegen der damaligen Zeit eine, wie man heute sagen würde, Zumutung.

Doch wie präsentiert sich der ‚Urlaub auf dem Bauernhof' heute? Die Deutsche Landwirtschafts-Gesellschaft räumt in ihrem Handbuch für den Bauernhof-Urlauber mit Vorurteilen auf, wenn es heißt:
„Sie essen Weißwürste und Radi, tragen Krachlederne und Gamsbärte, und wenn gerade nicht Oktoberfest ist, stemmen sie ihre Maß im Hofbräuhaus und granteln auf die Nordlichter. Dieses Zerrbild hatte wohl nie Gültigkeit. Echte Traditionen haben sich dagegen in Bayern länger als anderswo erhalten . . ."

Der Fremdenverkehrsverband Ostbayern wird dagegen konkreter in seiner Werbung, wenn es in seinem Prospekt heißt: *„Und das aufregendste für Kinder: Ferienglück auf dem Bauernhof. Bekanntschaft machen mit ganz großen Tieren, Traktorfahren, Gänse füttern - der Duft nach Stall und Heu. Reine Erholung auch für die Eltern."*

Immer mehr Gastgeber haben ihrem Bauernhof Ferienwohnungen angegliedert, die keinen Wohnkomfort vermissen lassen, dazu den Vorteil der Versorgung mit frischgemolkener Milch und dem am Vortag gelegten Frühstücksei über das Schwarzgeräucherte, das Bauernbrot, die am Hof geräucherte Forelle und den Schmalzkrapfen zum Kaffee.

Zum Reich der Bäuerin gehört auch die Hühnerschar.

Bäuerliches Wirtschaften und Arbeiten im Wandel der Zeit

Vom ‚bedrückten Unterthan' zum selbständigen Landwirt

„Die Wohnungen, Dörfer sind in den pfäl-
zischen Aemtern, dann in den Bezirken
Regenstauf, Wörth, Wetterfeld, Cham, Kötz-
ting äußerst schlecht – meist von Holz und
klein, auch die in den übrigen Bezirken, ein-
zelne Orte ausgenommen, nicht viel besser.
Die Dörfer erscheinen nebenbey voll Morast
und Schmutz. Mit Mühe kann man durch-
kommen. Um von einem Ort zum andern
zu gelangen, ist Leib und Leben in Gefahr.
Selbst in den armen oberpfälzischen Aem-
tern wimmelt es von Grund- und Zehent-
herrschaften, Forderungen aller Art, Laude-
mien, Scharwerke. Noch mehr ist dieß in den
übrigen Bezirken der Fall. Da gibt es gegen
die Willkühr und Übergriffe der Herrschaf-
ten die langwierigsten, kostspieligsten Pro-
zesse."[7]

Was Hazzi hier aus der Oberpfalz schildert, galt um 1800 mit wenigen Ausnahmen für den gesamten ostbayerischen
Raum. Ganz selbstverständlich setzte er
als Aufklärer den schlechten Zustand
der Wohnungen und die miserablen
Verkehrsverhältnisse mit den Bedrük-
kungen durch eine Vielzahl von Abgaben in Beziehung. Tatsächlich war bis
zur sogenannten ‚Bauernbefreiung' die
rechtliche Stellung der Bauern und
Häusler eine gänzlich andere und
schlechtere als heute.

Das Land, das die Bauern bewirtschafteten, gehörte nicht ihnen, sondern den
Grundherren. Grundherr konnte die Kirche (Prälaten, Klöster, Pfarreien), der
Adel, der Landesherr oder eine weltliche
Stiftung (Spitäler, Bruderschaften etc.)
sein. In der zweiten Hälfte des 18. Jahrhunderts war in Altbayern die Kirche
mächtigster Grundherr. 56 % aller Höfe[x] waren in ihrem Besitz. Das Kloster
Niederaltaich z. B. verfügte über rund
2500 ‚begüterte Untertanen'. Dem Adel
gehörten rund 24 % der Höfe. Die Namen bedeutender Grundbesitzer jener
Zeit sind auch heute noch ein Begriff,
z. B. v. Thurn und Taxis, v. Lerchenfeld,
v. Preysing. Der Landesherr (Kurfürst)
war Grundherr über 14 % der Bauernhöfe, weltliche Stiftungen über 2 %.

Nur ganze 4 % waren freieigen, d. h. gehörten den Bauern.

Während die Grundherren die Eigentü-
mer der Ackerfluren waren, hatten die
Bauern nur ein befristetes Nutzungs-
recht daran. Dieses war in Ostbayern
häufig erblich (Erbrecht), erlosch mit
dem Tod des Bauern (Leibrecht) oder es
wurde der für den Bauern schlechteste
Modus vereinbart, daß das Anwesen
jährlich, z. T. auch im Dreijahresrhythmus, kündbar war (Freistift). Speziell
auf adeligen Hofmarken war letzteres
Bewirtschaftungsrecht häufig.

Hofmarken waren eine bayerische Son-
derform der Grundherrschaft. Der adelige Hofmarksherr übte über seine
Untertanen nicht nur die Grund-, sondern auch die ‚niedere Gerichtsherr-
schaft' aus. Im Gegensatz zur ‚Blutge-
richtsbarkeit' des Landesherrn, der für
Verbrechen wie Mord oder Landesverrat
zuständig war, oblag den Hofmarksher-
ren die Rechtsprechung über kleinere
Vergehen sowie die Polizeigewalt. Bei
kirchlichen Hofmarken übernahm die
Rechtsprechung stellvertretend für den
kirchlichen Würdenträger ein Vogt. Hof-
märkische Herrschaftskomplexe um-
faßten häufig einen zusammenhängen-
den Bezirk. Die Bauern und Söldner waren nur mittelbar Staatsuntertanen; als
Zwischenglied zum Landesherrn fun-
gierte der Hofmarksherr. In der Oberpfalz hießen den Hofmarken ähnliche
Herrschaftskomplexe auch Landsassen-
güter.

Ob die Bauern nun zu einer Hofmark
gehörten, als Einzelanwesen einem Kloster oder einem Adeligen unterstanden
– für die Überlassung von Grund und
Boden hatten sie unterschiedlichste Abgaben zu leisten und Pflichten zu erfüllen: Einmal im Jahr war ein fester
Geldbetrag (Stift) fällig; zu bestimmten
Jahresterminen mußten Getreide (Gilt),
aber auch andere Feldfrüchte, Hühner,
Käse, Eier etc. für die Küche der Herrschaft abgeliefert werden; bei der Neu-
vergabe eines Anwesens – z. B. beim Tod

Kleinbäuerliche Familie mit Geistlichem im Bayerischen Wald, um 1930.

des Bauern – wurde eine Besitzerwechselabgabe (Laudemium) in Höhe von 5 bis 10 % des Anwesenswertes fällig; zudem hatten die Bauern für ihre Grundherren Arbeitsleistungen (Scharwerk) zu erbringen, z. B. den Bau von Herrschaftssitzen und Wegen, den Transport von Waren, Arbeiten in der Küche, Treiberdienste bei Jagdvergnügungen und die Bestellung der herrschaftlichen Felder. Am härtesten trafen die Bauern Scharwerksverpflichtungen. Diese konnten ‚gemessen‘ sein, d. h., die zeitliche Dauer war festgelegt, oder ‚ungemessen‘, also nach Bedarf und Belieben des Grundherren. Gerade die landwirtschaftlichen Arbeitsverpflichtungen gefährdeten unter Umständen die Existenz der gesamten bäuerlichen Familie. So konnte diese oft erst verspätet ihre eigene Ernte einbringen, weil sie zuerst Arbeitskräfte für die Erntearbeiten auf den herrschaftlichen Feldern stellen mußte. Bei Witterungsum-

schwung, Hagelschlag etc. eine Katastrophe! Dazu die Ansicht eines aufgeklärten Zeitgenossen: „*Wie schädlich dem Unterthan die Scharwerch ist, ist allbekannt. Er muß der Herrschaft auf ihren Wink arbeiten, fahren, und das Seinige zu Grunde gehen lassen, und wenn die Zeit zum Eindienen kömmt, so erhält er darum keinen Nachlaß. Mit einer eisernen Härte . . . treibt man alles bis auf den letzten Heller und das letzte Mäßchen Giltgetreide ein; man läßt ausdreschen, auspfänden, und ruhet nicht, bis nicht, wie gesagt, der letzte Heller bezahlt, und das letzte Mäßlein Gilt erholt ist. So macht man den Bauern fertig, und setzt ihn mit Weib und Kindern an den Bettelstab.*"8) Bis ins 19. Jahrhundert finanzierte sich das feudale Herrschaftssystem zum Großteil aus den Abgaben seiner Untertanen. Hofhaltung und Kriege, Prunkbauten und Kunstsammlungen weltlicher wie geistlicher Würdenträger basierten weitgehend auf den Leistungen und Verpflichtungen der landwirtschaftlichen Bevölkerung, zu der in Ostbayern um 1800 noch über 80 % gehörten. Nicht nur der Grundherr trieb seine Forderungen ein. Auch der Kirche, dem Gerichts-, dem Landesherrn, dem Vogt und z. T. auch noch dem Leibherrn (gänzlich abgeschafft wurde die Leibeigenschaft 1808) waren Bauern und Söldner tributpflichtig.

So unterschiedlichen Herren der Bauer untertan war, so unterschiedlich, oft willkürlich festgesetzt war die Höhe der Belastung. Von Hof zu Hof, von Herrschaftsträger zu Herrschaftsträger – stets waren die Verpflichtungen anders. Der Zehent z. B. war ursprünglich eine Abgabe an die Kirche, die entsprechend ihrem Namen ein Zehntel der Halmfrüchte betrug. Mit der Zeit erfuhr der Zehent vielfältige Wandlungen. Teilweise ging er als Handels- und Tauschobjekt an weltliche Grundherren über. Er wurde auch auf andere landwirtschaftliche Produkte wie z. B. Gras, Flachs, Hopfen etc. ausgedehnt. Selbst die Höhe begann zu variieren, so daß der Zehent schließlich starken regionalen Schwankungen unterlag und in Ostbayern meist zwischen 5 und 12 % der Ernte betrug. Insgesamt konnte die gesamte Abgabenlast bis zu einem Drittel des Ertrages steigen. Hohe Sonderzahlungen wie z. B. die Besitzerwechselabgabe, die oft lange angespart werden mußte, sind hier noch nicht eingerechnet. Berücksichtigt man, daß in ertragsschwachen Regionen des Oberpfälzer und Bayerischen Waldes rund 20 bis 25 % des Brotgetreides zur Aussaat im folgenden Jahr zurückbehalten werden mußten, so verblieb für die Versorgung eines Hofes vielfach weniger als die Hälfte der Ernte.

Die unterschiedlichen Verpflichtungen mögen zwei Beispiele aus dem frühen 19. Jahrhundert verdeutlichen. Die Scharwerksverpflichtungen waren zu dieser Zeit meist bereits in Geldzahlungen umgewandelt.

Beispiel 1:

Anwesen bei Thurmansbang/Bayerischer Wald, bestehend aus 17 Tagwerk Acker, 12 Tagwerk Wiesen, 32 Tagwerk Wald

„An landesherrl. Gaben sind jährlich zu verreichen,
a) zur Grundsteuer 10. fl. 48. kr.
b) zur einfachen Familie-Steuer 2 fl.

Die grundherrlichen Giebigkeiten bestehen:
1) in 9 fl. 30 kr. Kirchendienst
2) in 4 fl. Scharwerks Geld, und
3) an Getreidedienste in 2 Schäfel 5 $^2/_{16}$ Metz. Haber."[9]

Beispiel 2:

Anwesen bei Griesbach/Rottal, bestehend aus 21 Tagwerk Acker, 25 Tagwerk Wiesen, 23 Tagwerk Wald

„Grundbar ist derselbe zum kön. Rentamte Griesbach und . . . bestehen als Abgaben auf dem Anwesen:
Jagdscharwerkgeld 30 kr.,
Laudemialbodenzins 5 fl., 2 kr., 4 hl.,
Stift 1 fl. 21 kr.,
Pfarrstift 6 kr.,
an fixiertem $^1/_3$ Groß- und Kleinzehent Grundzins
an Weizen 1 Vierl.,
    Korn 1 Metz. 1 Vierl.,
    Haber 1 Metz. 1 Vierl.,
an Geld 30 kr.;
Besondere Leistungen an Meßner sind noch eine Kornläutgarbe, $^1/_2$ Metzen Läutkorn, ein Läutlaibbrod."[10]

Zum Verständnis:
fl.= Gulden; kr.= Kreuzer; 1 Scheffel = ca. 150 kg; 1 Metzen = ca. 25 kg; 1 Vierling = ca. 5 kg; 1 Scheffel Hafer kostete 1820 3 fl., 1 Pfund Rindfleisch 6 kr., 1 Liter Milch 4 kr.

Bereits im 18. Jahrhundert begann das alte feudale Gesellschaftssystem zu wanken. Liberales und aufgeklärtes Gedankengut, neue Ansichten über Wirtschaft und Religion, Entdeckungen und Erfindungen und schließlich die Französische Revolution ließen auch in Bayern gesellschaftliche Reformen als dringend notwendig erscheinen. Kernstück der Reformen war die sogenannte ‚Bauernbefreiung', d. h. die Lösung der bäuerlichen Bevölkerung aus Unfreiheit und zahllosen Abhängigkeiten. Diese standen nicht nur der individuellen Entfaltung, sondern auch einer florierenden Landwirtschaft im Wege.

Unter dem reformfreudigen Minister Montgelas wurde ab der Jahrhundertwende der Umbau Bayerns in einen modernen, leistungsfähigen Agrarstaat eingeleitet. 1802 wurde die Schulpflicht eingeführt, 1803 ging der kirchliche Besitz an den Staat über (Säkularisation). An die Stelle der kirchlichen Grund- und Gerichtsherren trat nun der Landesherr. Dieser eröffnete den Bauern erstmals die Möglichkeit, gegen eine bestimmte Ablösesumme den bewirtschafteten Grund und Boden zu erwerben. Von jeher mißtrauisch gegenüber der Obrigkeit, machten nur wenige Bauern davon Gebrauch. 1808 schaffte man die Reste der Leibeigenschaft ab, erleichterte die Abgabenverpflichtungen und eröffnete in den nächsten Jahren weitere Möglichkeiten, auf freiwilliger Basis Abgaben und Dienste durch Geldzahlungen abzulösen.

Aber erst die revolutionären Ereignisse von 1848 brachten den Abschluß der Bauernbefreiung. Grund und Boden ging nun generell in den Besitz der Bauern über, die dafür z. T. bis ins 20. Jahrhundert hinein einen Bodenzins zur Entschädigung der ehemaligen Grundherren zahlen mußten. Zudem wurde die Gerichtsbarkeit der Adeligen aufgehoben, ebenso die herrschaftlichen Abgaben und Frondienste oder wurden diese in Geld umgewandelt.

Erstmals lebten die Bauern und Söldner nun in gesicherten Besitzverhältnissen, waren einem gerechteren Besteuerungssystem unterworfen, waren frei von grund- und gerichtsherrlicher Willkür und konnten sich nun als selbständige Unternehmer den neuen wirtschaftlichen Gegebenheiten stellen. Daß letztere ebenso wie die alten Grundherren eine Reihe harter Zwänge und Abhängigkeiten schaffen würden, sollten die Bauern schon wenige Jahrzehnte später erfahren.

Dorf und Familie – Rückhalt und Fessel

Was in den Vorstellungen von Städtern oft als homogenes, klar zu umreißendes Gebilde fortlebt – das Bauerndorf und ebenso der Bauernhof – waren in Wirklichkeit äußerst differenzierte Gemeinschaften. Unter sozialen Aspekten wiesen diese Gemeinschaften bis weit ins 20. Jahrhundert eine ungeheure Vielfalt auf.

Bereits der Begriff Bauer verleitet dazu, die sogenannte ‚bäuerliche Welt‘ früherer Tage falsch einzuschätzen. Galt als Bauer doch nur der, welcher seine Familie allein durch die landwirtschaftliche Arbeit am Hof ernähren konnte. Dazu waren als Minimum ca. 15 bis 20 Tagwerk Grund notwendig. Auch im reichen Niederbayern gehörte nur $^1/_3$ der Bevölkerung bäuerlichen Familien an, die ausschließlich durch ihren Landbau zu existieren vermochten. Söldner und Häusler, die auf Nebenerwerb angewiesen waren, Tagelöhner und Dienstboten, die ihre Arbeitskraft den Bauern zur Verfügung stellten – eine breite kleinbäuerliche Schicht sowie landwirtschaftliche Arbeiter stellten somit die überwiegende Mehrheit der ländlichen Bevölkerung.

Um 1840 verteilte sich in Ostbayern die Bevölkerung wie folgt auf die landwirtschaftliche Arbeit:[11]

Ausschließlicher Landbau	34 %
Landbau und Gewerbe	7 %
Tagelöhner mit und ohne Grundbesitz	14 %
Dienstboten	15 %

Ein Bauerndorf der Gegenwart – Insel inmitten der intensiv bewirtschafteten Acker- und Wiesenflächen.

70 % der Bevölkerung arbeiteten damals also noch in der Landwirtschaft. Die Anzahl der Dienstboten war in Niederbayern fast doppelt so hoch wie in der Oberpfalz. Ausschlaggebend hierfür waren die großbäuerlichen Anwesen des fruchtbaren Gäubodens und des Rottals mit hohem Bedarf an Knechten und Mägden.

Obwohl die Vollerwerbsbetriebe in der Minderheit waren, kam ihnen und hier speziell den größeren in wirtschaftlicher und gesellschaftlicher Sicht eine dominierende Rolle zu. Ganz selbstverständlich waren sie überproportional in der Dorfverwaltung vertreten, entweder als Gemeindevorsteher (Obmann) oder als Mitglied der ,Vierer' oder ,Fünfer'. Die nach ihrer Anzahl benannten Bevollmächtigten – heute würde man vielleicht Gemeinderäte sagen – kümmerten sich in Ostbayern im wesentlichen um die Einhaltung der Gemeindeordnung. Diese regelte primär wirtschaftliche Belange, wobei die Flurordnung im Vordergrund stand, also gemeinsame Aussaat und Ernte, Anordnung über Öffnen und Schließen der Felder, Schutz derselben sowie die Regelung des Weidebetriebes. Verstöße wurden entsprechend den in der Gemeindeordnung festgelegten Strafen geahndet.

Dem Dorf (der Gmain) als wirtschaftlichem und sozialem Lebensraum der ländlichen Bevölkerung oblag auch die Fürsorge und Unterstützung von Armen und in Not Geratenen, die in der Gemeinde geboren waren (Heimatrecht). Je nach Vermögensstand waren die Gemeindemitglieder verpflichtet, die Hilfsbedürftigen für eine bestimmte Anzahl von Tagen zu verpflegen und ihnen Unterkunft zu gewähren. Was heute noch am Lande als Nachbarschaftshilfe üblich ist, entstammt ebenfalls dem sozialen Netz des alten dörflichen Siedlungsverbandes.

Zwei Kristallisationspunkte prägten jedes Dorf: Kirche und Wirtshaus. Meist befanden sich beide in unmittelbarer Nachbarschaft. Die regelmäßigen Sonntagsgottesdienste, Wallfahrten, Hochzeiten und Begräbnisse – immer kombiniert mit anschließendem Wirtshausbesuch – hatten stark gemeinschaftsbildenden Charakter. Kirche und Gasthof fungierten als zentrale Kommunikations- und Informationszentren. Pfarrer und Wirt, beide meist nicht unvermögend, waren zum Teil auch als ,Banker' tätig, indem sie Geld verliehen. Im Wirtshaus besprach man alle wichtigen Geschäfte, und die Tanzvergnügungen dienten bei Bedarf der Brautschau.

Kirche und Wirtshaus waren aber auch die Orte, wo die sozialen Hierarchien des Dorfes klar und deutlich zur Schau gestellt wurden. Nicht nur im Gotteshaus waren die besten Plätze für die reichsten Bauern reserviert, auch im Wirtshaus versagte die innerörtliche Hierarchie dem Tagelöhner den ,Bauerntisch'. Unangefochten und widerspruchslos behauptete jede soziale Gruppe den ihr qua Besitz, Alter oder Geschlecht zugewiesenen Platz. Da gab es den ,Ehaltentisch' für die unverheirateten Knechte, den ,Honoratiorentisch', wo u. a. der Geistliche saß, usf.

Zwar bestehen auch heute noch innerhalb jedes Dorfes soziale Abstufungen. Das Dorf selbst aber als soziale, wirtschaftliche und gesellschaftliche Einheit hat sich grundlegend verändert. Bereits im 19. Jahrhundert begannen durch Eisenbahnbau, Industrialisierung und Verstädterung die landwirtschaftlichen Arbeitskräfte abzuwandern. Bessere Verdienstmöglichkeiten und mehr persönliche Freiheiten boten Grund genug.

Die weitgehende Auflösung des alten Dorfverbandes erfolgte jedoch erst seit Mitte des 20. Jahrhunderts. Technisierung und Vollmechanisierung machten Tagelöhner und Dienstboten gänzlich überflüssig. Die Wohnstätten der sozial Schwachen verfielen bzw. wurden an den Dorfrändern durch Neubausiedlungen anderer Berufsgruppen mit oft auswärtigen Arbeitsplätzen ersetzt. Moder-

ne Massenmedien, Autos und Getränke-
märkte drängten die alten Dorfwirts-
häuser ins Abseits; eine zunehmend ra-
tionalistische Welt bescherte den Dorf-
pfarrern immer schlechter besuchte Gottesdienste. Wenngleich auch heute noch
auf den Dörfern Nachbarschaftshilfe
praktiziert wird, so ist die Fürsorge-
pflicht für Arme und Hilfsbedürftige
lange schon an den Staat übergegan-
gen.

Gemeinsamkeiten werden seit dem
20. Jahrhundert, wenn überhaupt, dann
vornehmlich in Vereinen gepflegt. Diese
verkörpern heute die Institutionalisie-
rung einiger weniger Aspekte des alten
dörflichen Lebens. Ihre Zweckorien-
tierung – sei es in Richtung Sport, Tradition, Musik oder Kleintierzucht –
scheint oft zweitrangig. Wie beim Wirtshausbesuch in vergangener Zeit steht
das Bedürfnis nach Kommunikation und
Kontaktpflege im Vordergrund und dieses hat sich im Gegensatz zum Dorf nur
wenig verändert.

Nicht weniger als das Dorf wandelte
sich die Familie – der traditionsstärkste
Sozialkörper in der ländlichen Welt. Zur
bäuerlichen Familie – oft auch als Hausgemeinschaft tituliert – zählten nicht
nur die am Hof lebenden tatsächlichen Familienmitglieder, sondern auch
die Dienstboten und andere Arbeitskräfte (z. B. Inhäusler). Die Familie war iden-
tisch mit der gesamten Haus- und
Arbeitsgemeinschaft am Hof.

Im Mittelpunkt des bäuerlichen Den-
kens standen nicht die Personen der
Hausgemeinschaft, sondern ausschließ-
lich das Wohl und Wehe des Hofes –
der wirtschaftlichen Grundlage für alle
Bewohner. Wirtschaftliche Potenz,
Wohlstand und Besitz prägten neben der
Familientradition wesentlich das ‚Wir-
Gefühl‘ einer bäuerlichen Familie. Dem
Erhalt und dem Wohl des Hofes ordnete
man die gesamte Lebensführung unter,
häufig auch die Emotionen. Aus dem
Rottal z. B. wußte Hazzi zu berichten:
„Nichts ist aber auch komischer als ihr Hei-

*rathschließen, wobei kein anders Gefühl als
das für Geld rege zu sein scheint. Es kommen
oft mehrere Bräute zusammen und die mit
mehr Geld oder andern vortheilhaften Be-
dingungen hat in der Amtsstube den Vorzug
und nicht selten muß jenes Mädchen, das
mit dem Bräutigam schon Jahre lang Bekanntschaft und Zeugen der Liebe hatte, leer
nach Hause gehen. In diesen ganz eigennüt-
zigen Ehen giebt es nun nicht viele Kinder,
desto mehr aber außer ehliche, mit denen
man sich aber auch wie im Gebirge benimmt
und weder Mutter noch Kinder unter die
verstoßnen rechnet . . . Der Unterhalt eines
solchen Kindes kostet gewöhnlich nicht mehr
als einen Gulden das Monat."*[12]

Bezüglich der Ehepartnerwahl ist anzumerken, daß nur eine ‚reiche Heirat‘
den Bauern in die Lage versetzte, seine
Miterben gebührend abzufinden und
den Lebensabend des Austragsbauern
zu finanzieren. Nicht selten bekam deshalb der Sohn den Hof überschrieben,
der die Partnerin mit der größten Mitgift
fand.

Die Größe einer bäuerlichen Familie
hing mit vom Vermögensstand ab. Für
die Bewirtschaftung eines größeren Anwesens wurden auch mehr Dienstboten
benötigt. Bei reichen Bauern überlebten
mehr Kinder als in der unterbäuerlichen
Schicht. Bei einer Kindersterblichkeit
von 30 bis 40 % in der ersten Hälfte des
19. Jahrhunderts verwundert es nicht,
wenn in den bäuerlichen Familien Ostbayerns meist nur zwei bis drei Kinder
heranwuchsen. Familien mit mehr als
zehn Kindern waren die Ausnahme.
Auf einem mittelgroßen Bauernhof lebten im 19. Jahrhundert etwa acht bis
zehn Personen, davon zwei bis drei
Dienstboten. Unter 10 Hektar Acker und
Wiese war die Arbeit auch ohne Knechte
und Mägde zu bewältigen.

Die alte bäuerliche Familie war streng
patriarchalisch aufgebaut. Absolutes
Oberhaupt jedes Hofes war der Bauer.
Er allein bestimmte über die Arbeit
außerhalb des Hauses, regelte das Ver-
halten von Frauen, Kindern und Dienstboten und war verantwortlich für die

Hausgemeinschaft eines großen bäuerlichen Anwesens, Bayerischer Wald, um 1930.

Sicherung der gesamten organisatorischen und materiellen Basis des Hofes. Nach außen hin vertrat er allein das Anwesen.

Jede Mahlzeit dokumentierte aufs neue die herausragende Stellung des Bauern. In den meisten Anwesen aßen alle Mitglieder der Hausgemeinschaft an einem Tisch. Die Sitzordnung war dabei patriarchalisch-hierarchisch. Nur auf sehr großen Höfen, z. B. im Rottal, saßen die zahlreichen Dienstboten an einem eigenen Tisch. *„Die große, bemalte Schüssel mit den Knödeln stand schon auf dem Tisch, als wir eintraten. Knechte und Mägde standen darum, und der Weidhofer betete eben um Gottes Segen zu Speis und Trank und um Gnade und Gedeihen dazu. Der Weidhoferin ihr Platz war noch leer und alle blickten nach dem Tischgebet noch unschlüssig, ob sie sich setzen könnten, da gemeiniglich die Sitte bei den Bauern ist, daß erst der Bauer und die Bäuerin niedersitzen und auch als erste in die Schüssel langen.“*[13])

Nicht nur den Anfang der Mahlzeit bestimmte der Bauer, auch das Ende. Sobald er den Löffel aus der Hand legte, hatten alle anderen das Essen einzustellen, egal, ob man satt war oder nicht.

Für die Regelung aller innerhäuslichen Arbeiten war die Bäuerin zuständig. Ihr oblag die Aufsicht über die Mägde, sie hatte sich um den Haushalt zu kümmern, die Vorratshaltung, die Hygiene, die Versorgung der Alten und Kranken sowie die Aufzucht der Kinder. In den unterbäuerlichen Schichten hatte die Bäuerin auch die Stallarbeit zu besorgen und bei der Ernte mitzuhelfen. Mühselig und arbeitsreich war das Leben der Kleinbäuerinnen. Auch an Sonn- und Feiertagen, wenn die Arbeit auf den Feldern ruhte, mußten sie Stall und Haushalt versorgen. Dennoch war ihre Arbeit nur gering geachtet; entsprechend hieß es: *„Putzen und Kehren kann keinen ernähren.“*

Mahlzeit einer bäuerlichen Hausgemeinschaft, um 1930.

Soweit sie körperlich dazu in der Lage waren, halfen auch die ‚Austrägler‘ bei allen Arbeiten mit.

Die Hofübergabe erfolgte meist spät, weil damit ein immenser Autoritätsverlust verbunden war und von diesem Zeitpunkt an die Rolle des allein bestimmenden Familienoberhauptes abgegeben wurde. Das alte Bauernpaar zog nach der Übergabe entweder in das ‚Austrags-Häusl‘, ein eigenes kleines Haus am Hofgelände, oder ins ‚Austrags-Stüberl‘, ein Zimmer im bäuerlichen Wohnhaus.

Die Versorgung der Austrägler wurde bis ins kleinste vertraglich geregelt – bis hin zur Festlegung, wieviel Besen oder Anmachholz jährlich zu stellen ist oder auch bis zur Regelung von Gedenkmessen. Auf die Dankbarkeit und Gutherzigkeit der Erben wollte man sich nicht verlassen.

Dazu als Beispiel ein ‚Ausnahmevertrag‘ aus dem 18. Jahrhundert. Die Übergeber eines größeren Anwesens im Landkreis Cham bedingten sich aus:

„2 Klafter Holz, dann 2 Spanferkel, außerdem Geld für 2 Klafter Tannenholz jährlich. Für die Speis jedes Jahr Martini (11. Nov.): 1 1/2 Schafl Korn, 6 Metzen Gerste und 6 Metzen Hafer, alle nach Rodinger Maß. Dann sind die Übergeber berechtigt, in dem reservierten Stall 2 Kühe und 1 Kalbin bis in das dritte Jahr und 1 Schweindl halten zu dürfen. Weidenschaft und Hüten muß durch den Übernehmer erfolgen. Für Gras und Fütterung behalten die Übergeber sich die sogenannte Brunnwiese bei dem Weiherl und das Pointl bei dem Haus vor. Dann noch 15 Schütt Hafer und 15 Schütt Gerstenstroh und alle notdürftige Streu sowie einige Äkker.“[14]

Dieser für die damalige Zeit üppigen Versorgung der Austrägler standen häufig sehr kümmerliche Lebensbedingungen der Alten gegenüber.

Als Mitglieder der bäuerlichen Familie wurden auch die Dienstboten betrachtet; allerdings standen sie innerhalb der

Austragsbäuerin, Bayerischer Wald, um 1930.

Hierarchie weit unten. In Ostbayern handelte es sich bei den Dienstboten teilweise auch um unverheiratete Familienmitglieder, die ihr Leben als Knecht oder Magd am Hof verbrachten. Meist aber war das Dienstbotendasein Durchgangsstadium zwischen Schulentlassung und Verheiratung nach Ankauf oder Erbe eines eigenen Anwesens.

Gesindeordnungen disziplinierten diese Personengruppe in für uns heute unvorstellbarem Maß. So enthielt jedes Dienstbotenbuch eine ‚Polizei-Erinnerung‘ mit zahllosen Anweisungen:

§ 1

Jeder Dienstbote auf dem Lande ist sich auf ein Jahr zu verdingen schuldig, und darf unter keinem Vorwande freiwillig seinen Dienst verlassen.

Die Aufkündungszeit ist 8 Wochen vor dem Ziel; wer ausnahmsweise auf ein halbes Jahr

gedungen wird, hat 6 Wochen zur Aufkündung.

§ 2

Kein lediger Bursche oder Weibsperson darf nach dem Taglohn arbeiten, sondern jeder muß sich in einen ordentlichen Dienst begeben.

§ 3

Jeder Dienstbote muß bei Strafe von 1 fl. 30 kr. mit einem Dienstbuch versehen seyn, und eben so wird jeder Dienstbote, der sein Wanderbuch verliert, ebenfalls um 1 fl. 30 kr. gestraft.

§ 4

Jeder Ehehalt hat seiner Dienstherrschaft Treue, Fleiß, Achtung, Gehorsam, Ehrbarkeit und guten Willen im Dienste anzugeloben.

§ 5

Jeder Dienstbote soll dem pfarrlichen Gottesdienste mit Andacht beiwohnen, und die Feiertagsschule mit Fleiß besuchen.

§ 6

Kein Dienstbote darf sich ohne Ursache und Anzeige beim Ortsvorstand dienstlos aufhalten, und ebensowenig vom Austritt aus einem, bis zum Eintritt in den andern Dienst, längere Zeit müßig herumziehen, sondern hat sich längstens am dritten Tage in den neuen Dienst zu begeben.

§ 7

Kein Dienstbote darf sich an abgewürdigten Feiertagen auf Anschaffung der Dienstherrschaft zu arbeiten weigern.

§ 8

Jeder Dienstbote muß sich bei seinem Austritt aus dem Dienst das Zeugnis über die Dienstzeit, Aufführung, Fleiß und Treue durch den Gemeindevorstand in Gegenwart des Dienstherrn in sein Dienstbuch eintragen lassen.

§ 9

Jeder Dienstbote hat sein Dienstbuch gleich beim Eintritte in den Dienst an den Dienstherrn abzugeben.

§ 10

Jeder Dienstbote, der gegen seinen Dienstherrn eine gegründete Klage hat, hat selbe, ohne sich mit dem Dienstherrn in Streit und Zank einzulassen, bei dem Ortsvorstand, oder nach Umständen, bei Gericht anzubringen, darf aber auf keinen Fall eigenmächtig seinen Dienst verlassen, und hat den Ausspruch des Richters gelassen zu erwarten.

Ein- oder ausgestellt wurden die Dienstboten zu Lichtmeß (2. 2.) oder Michaeli (29. 9.). Eine neue Arbeitsstelle fand man entweder durch Kontakte im Wirtshaus oder seit Mitte des 19. Jahrhunderts durch professionelle ,Gesinde-Vermiether'. Gute Kost spielte für die Wahl der Dienststelle eine wichtige Rolle. Diesbezügliche Forderungen der Knechte und Mägde wurden häufig von den Bauern bemängelt, ebenso ,übertriebene' Lohnforderungen und ,charakterliche Mängel'.

Auf großen Höfen mit vielen Dienstboten gab es unter diesen eine klare Hierarchie: Baumann (der manchmal sogar als Vertreter des Bauern auftreten konnte), Oberknecht, Pferdeknecht, Knecht, Bube. Bei den weiblichen Dienstboten unterschied man zwischen erster, zweiter und dritter Dirn. Daneben existierte eine Reihe von lokalen Bezeichnungen, wie z. B. ,Drittlerin', ,Saumensch' u. ä. Die Bezeichnung ,Mensch' stand hier für Magd.

Der Dienstbotenhierarchie entsprach die Bezahlung. Während ein Baumann in Ostbayern bis zu 100 fl. im Jahr verdiente, lag der Lohn eines Buben um 1850 zwischen 25 und 30 fl. Weibliche Dienstboten wurden wesentlich schlechter bezahlt, meist erhielten sie nur rund die Hälfte ihrer männlichen Kollegen.

Neben dem Geldlohn erhielten die Dienstboten z. T. bis ins 20. Jahrhundert hinein Naturalien und Bekleidung. Im Bezirk Vohenstrauß z. B. bekam ein Mittelknecht (vergleichbar mit einem Pferdeknecht) um 1900 zwischen 140 und 200 Mark Jahreslohn, dazu 1/8 Schäffel Hafer (entspricht knapp 20 kg), sieben bis zehn Sack Kartoffeln, einen Arbeitsanzug, drei Hemden

Heuen im Bayerischen Wald.

und drei Schürzen. Die Mägde erhielten zusätzlich meist Leinwand, Schuhe und Schmalz. Die Naturallöhne wiesen landschaftlich und zeitlich oft große Unterschiede auf.

Reich wurden Dienstboten allesamt nicht, auch wenn die Löhne in der zweiten Hälfte des 19. Jahrhunderts um ein Vielfaches stiegen. Der ‚Bube' konnte sich um 1850 für seinen Jahreslohn nur rund fünf Zentner Weizen oder eine halbe Kuh kaufen. Zudem waren die Dienstboten nicht gegen Unfall oder Krankheit abgesichert. *„Bezüglich der Verpflegung der Dienstboten in Krankheitsfällen, so wurde solche bisher freilich in sehr ungenügender Weise von den Dienstherren geboten."*[15])

Und noch Ende des 18. Jahrhunderts wußte Lorenz von Westenrieder zu berichten: *„Ein Knecht oder Dirn, welche die ganze Lebenszeit hindurch redlich gedient, hart gearbeitet und dadurch die Leibeskräfte verloren haben, verdienen wahrhaft Erbarmen. Solch alten Leuten will der Bauer kaum mehr die Kost, vielweniger einen Lidlohn oder die Kleidung geben; sie können sich also nicht mehr ernähren, müssen im Alter betteln und oft durch Not und Elend verschmachten."*[16])

Neben den Dienstboten hatten viele Anwesen sogenannte ‚Inwohner'. Diese besitzlosen Familien mit eigenem Hausstand waren sozial am schlechtesten gestellt. Meist nur für ein Jahr, dann mußten sie weiterziehen, wurden ihnen die schlechtesten Unterkünfte (Inhäusl) zugeteilt. Sie zahlten zwar keine oder nur geringfügige Miete und erhielten einen kleinen Ackerstreifen zur Nutzung – dafür aber mußten sie, sooft es der Bauer wünschte, für ihn Tagelöhnerdienste leisten. Daß es sich bei den Inwohner-Schicksalen um keine Einzelfälle handelte, darüber berichten viele Quellen. *„Die Inwohner sind im Walde sehr verbreitet und in manchen Gegenden so zahlreich, daß sich bei einem Drittel oder Viertel der vorhandenen Bauernhöfe solche befinden."*[17] Mit der Abwanderung der Dienstboten und Inwohner seit dem ausgehenden 19. Jahrhundert begann gleichzeitig die Auflösung der alten bäuerlichen Hausgemeinschaft. Teure Fremdarbeitskräfte wurden Zug um Zug durch moderne

Technik ersetzt. Der Bauernhof wurde zum Familienbetrieb. Mit der Vollmechanisierung in den 60er Jahren und dem zunehmenden Wandel der alten Agrarlandschaften veränderte sich auch eine Vielzahl der bis dahin zäh verteidigten Eigenheiten der bäuerlichen Familie. Die Wertwelt wurde zusehends der nichtbäuerlichen Welt angepaßt, strikte Arbeitsteilung und patriarchalische Hofführung wichen partnerschaftlicher Arbeits- und Lebensweise, man begann außerbäuerliche Perspektiven für sich und die folgende Generation zu diskutieren und inzwischen liegen nicht wenige Bauern in den ,schönsten Wochen des Jahres' in trauter Einigkeit mit den Büroangestellten am Mittelmeerstrand.

Beim Mistfahren mußten angesichts der oft recht bergigen Fluren gleich vier Ochsen eingespannt werden. Unser Bild stammt aus den dreißiger Jahren.

Mit Sichel, Sense und Mähdrescher

Reste mittelalterlicher Streifenfluren in Hohenau, Landkreis Freyung-Grafenau.

Bis ins 19. Jahrhundert bewirtschafteten die Bauern Ostbayerns ihre Äcker und Fluren völlig anders als heute. Seit dem Mittelalter dominierte die Dreifelderwirtschaft, bei der die Ackerflächen (z. B. eines Dorfes) in drei Teile geteilt waren: Auf einem Drittel säte man im Frühjahr Sommergetreide (Weizen oder Hafer), auf einem Drittel im Herbst Wintergetreide (Roggen oder Gerste), das letzte Drittel blieb unbebaut (Brache) und wurde als Weide genutzt. Im nächsten Jahr wechselte man. Jedes Drittel lag somit im Dreijahresrhythmus einmal brach und konnte sich regenerieren. Außerdem sorgte die Dreifelderwirtschaft für eine gleichmäßigere Verteilung der Arbeit übers Jahr und für eine relative ‚Sicherheit‘ gegenüber den Unbillen der Witterung. Wäre z. B. nur Sommergetreide gebaut worden, hätte ein Hagelschlag die gesamte Ernte vernichten können. Bei der

Dreifelderwirtschaft dagegen bot der zusätzliche Anbau der Winterfrucht eine gewisse Chance zum Ausgleich.

Die zwei bebauten Drittel bestanden aus einer Vielzahl von kleinen und kleinsten Feldstreifen, sogenannten Gewannen. Die verschiedenen Besitzer der Gewanne mußten sich bei der gesamten Bewirtschaftung absprechen. Ansonsten wären sie sich gegenseitig über die frisch angesäten Flächen oder die noch nicht abgeernteten Felder getrampelt. Feldwege zwischen den kleinen Ackerflächen konnte man sich nicht leisten, dazu war der Ackerboden zu kostbar. Den gemeinsamen Sä- bzw. Erntetermin, die Nutzung der Brache als Weide u. ä. regelte der **Flurzwang**.

Nicht nur in Ostbayern war der Besitz der Bauern stark zerstückelt. Hier hatte jeder Landwirt durchschnittlich 15 verschiedene Felder zu bestellen – keines größer als 1,5 Tagwerk. Die Äcker lagen weit verstreut und waren oft schwer zu erreichen. Von einer arbeitszeit- und arbeitskraftsparenden Bewirtschaftung war man damals noch meilenweit entfernt. Bestellt wurden die Felder im sogenannten Bifangbau. Als **Bifänge** bezeichnete man schmale gewölbte Ackerbeete. Die Furchen dazwischen sollten das Wasser ableiten. Sehr hohe, stark gewölbte Beete ackerte man in der Oberpfalz in der Gegend um Neumarkt.

Zwei Sonderformen der Bodennutzung praktizierten die Bauern im Bayerischen Wald, die Beweidung von ‚Schachten‘ (kleine Rodungsinseln im Bergwald) und die ‚Birkenbrandwirtschaft‘. Bei letzterer wurden die Flächen 15 bis 40 Jahre zur Holzgewinnung (Birken) und als Waldweide genutzt, dann gerodet, Äste und Wurzeln verbrannt, die Asche als Dünger verstreut und das Areal in

den folgenden ein bis zwei Jahren für den Ackerbau verwendet. Vor allem in den Bezirken Kötzting, Mitterfels, Bogen, Viechtach und Regen war die Birkenbrandwirtschaft weit verbreitet.

Motiviert durch das Gedankengut der Aufklärung, durch Entdeckungen und neue wissenschaftliche Erkenntnisse begann man bereits seit dem ausgehenden 18. Jahrhundert das bäuerliche Wirtschaftssystem zu reformieren. Erklärtes Ziel war u. a., die Erträge zu steigern. Als Begründer der sogenannten ‚rationellen Landwirtschaft‘ gilt der norddeutsche Arzt und Professor der Landwirtschaftswissenschaft in Berlin, Albrecht Thaer (1752–1828). Zahlreiche ‚Kulturgesetze‘, die die Leistungssteigerung der Landwirtschaft fördern sollten, zeugten auch in Bayern von einem ausgeprägten Reformwillen. Wesentlich forciert wurden die Veränderungen durch

Waldweide bei Zwiesel/Bayerischer Wald, 1939.

die Ergebnisse der Bauernbefreiung. Treibende Kraft des landwirtschaftlichen Fortschritts war der 1810 gegründete ‚Landwirtschaftliche Verein in Bayern'. Ostbayerische Reformer wie Graf von Seinsheim (Sünching), Graf von Preysing (Moos) und mehrere Landshuter Universitätsprofessoren gehörten mit zu den 60 Gründungsmitgliedern. Auch fortschrittliche Bürgermeister und Ortsgeistliche zählten mit zu den eifrigsten Verfechtern der neuen Ideen. Für die Verbreitung leisteten die dafür landauf, landab ins Leben gerufenen Landwirtschaftsfeste mit Auszeichnungen für besondere Verdienste wertvolle Hilfestellung.

Worin bestanden nun die Veränderungen des bäuerlichen Wirtschaftssystems im 19. Jahrhundert? Mit am wichtigsten war die Bebauung der Brache, wodurch die Ackerfläche um ein Drittel vermehrt wurde. Zu den ersten ‚Brachfrüchten' zählten die Kartoffel und der Klee, deren Bekanntheitsgrad sich erst langsam seit dem 18. Jahrhundert steigerte. 1784 wurde Christian Schubart für seine Verdienste um die Einführung des Rotklees in Deutschland als Brachfrucht in den Adelsstand erhoben und durfte sich von nun an ‚Edler von Kleefeld' nennen. Kleeanbau ermöglichte nicht nur die bislang unbekannte Sommerstallfütterung, die zu höheren Fleisch- und Milcherträgen führte, er hob durch die ‚Stickstoffproduktion' zudem die Bodenfruchtbarkeit. Aus der Brachbebauung entwickelte sich die Fruchtwechselwirtschaft – in Ostbayern verstärkt allerdings erst gegen Ende des 19. Jahrhunderts. In Wildenstein (Oberpfalz) z. B. baute man auf einem sehr modernen Gutsbetrieb bereits um 1850 in neunjährigem Wechsel: Kartoffel, Gerste, Klee, Winterweizen, Wicken und Erbsen, Raps, Sommerweizen, Winterroggen und Hafer.

Auch die systematische Düngung der Äcker entwickelte sich erst im 19. Jahrhundert. Davor praktizierten die Bauern hauptsächlich die ‚zufällige natürliche Düngung', indem sie das Vieh zur Weide auf die Brachflächen trieben. Erst mit Einführung der Stallfütterung stand genügend Mist und Odel zur Verfügung. Die Erfindung des Kunstdüngers durch Justus von Liebig (1840) galt als wahre Sensation. Bereits 1821 hatte der Reformer von Hazzi geschrieben: *„Der Dünger – noch hier zu Lande so wenig begriffen, so wenig gewürdigt, ist das Element, das wahre Lebensprinzip der ganzen Landwirtschaft."*

Wichtige Verbesserungen brachte für die Bauern ferner die Aufteilung der Gemeindegründe, die nun individuell genutzt werden konnten; die Zusammenlegung kleiner Felder (Arrondierung) brachte Zeit- und Arbeitsersparnis; die Einführung neuer Geräte und Maschinen ermöglichte eine bessere Bodenbearbeitung.

Das Ergebnis war eine enorme Leistungssteigerung. Von 1800 bis 1900 verdoppelte sich in Ostbayern z. B. der Roggenertrag auf 36 Zentner je Hektar, ebenso die Milchleistung pro Kuh auf rund 1800 Liter im Jahr; in etwa verdoppelte sich auch der Viehbestand. Die Ertragssteigerungen im Getreidebau waren dabei hauptsächlich auf den Einsatz von Kunstdünger zurückzuführen.

Was sich dagegen nicht änderte, im Gegenteil sich durch Intensivierung und gleichzeitigen Dienstbotenabbau zum Teil sogar verschlechterte, war die Arbeitsbelastung. Im Mittelpunkt der außerhäuslichen Arbeit stand neben der winterlichen Waldarbeit die Bearbeitung der Felder und Fluren während des Sommerhalbjahres. Die Vegetationszeit war die arbeitsintensivste Periode. Sie begann im Frühjahr mit der Pflege der Wiesen und der Bebauung des Sommerfeldes und endete im Herbst mit der Ernte.

Bis in die zweite Hälfte des 19. Jahrhunderts bewirtschafteten in Ostbayern die Bauern ihre Höfe mit einfachen Hilfsmitteln. Relativ einheitlich war der Gerätebestand. Neben Werkzeug fehlten auf keinem Hof für die Bodenbearbeitung:

Hauen, Schaufeln, hölzerne Pflüge und Eggen sowie Sätücher und -körbe; für die Ernte: Gabeln, Rechen, Sicheln und Sensen, Messer, Körbe, Siebe und Dreschflegel, Windschaufeln oder Windfegen (Staubmühlen) zur Trennung von Spreu und Getreidekörnern. Daneben gehörten Schnittstühle zum Schneiden des Viehfutters, Sägen, Äxte und Beile, Wägen, Schubkarren und Joche bzw. Kummete zur Grundausstattung eines jeden Hofes.

Neben dem Menschen war das Zugtier die wichtigste Kraftquelle. Während in den reichen Ackerbaugebieten Ostbayerns als Zugtiere Pferde dominierten, waren im Oberpfälzer und Bayerischen Wald Ochsen die Regel. Häusler und Söldner, die sich vielfach kein eigenes Zugvieh leisten konnten, mußten ihre Kühe vor Pflug oder Wagen spannen.

Der ohnehin geringe Milchertrag sank durch die Zugarbeit erheblich.

Bis weit ins 19. Jahrhundert war die Sichel das wichtigste Erntegerät. Solange die Anbaufläche durch die Brache noch gering war, ebenso die Erträge, schnitt man das Getreide mit der Sichel, da hierbei weniger der kostbaren Körner ausfielen als beim zeitsparenden Sensenschnitt.

Auch die Bodenfruchtbarkeit beeinflußte die Erntetechnik. *„In Niederbayern fast durchwegs und auch in den angränzenden Bezirken anderer Kreise wird das Getreide nur sehr hoch abgemäht. Es liegt dann trokkener auf den starken über 1 Fuß langen Stoppeln, und bildet keine so große Masse für Einfuhr und Scheune mehr. Die stehengebliebene Stoppel mit vielem dazwischen wuchernden Ackerunkraut wird dann später im Herbst auch noch gemäht, gesammelt und*

Heimkehr von der Feldarbeit.

Einspänniges Pflügen im Bayerischen Wald, um 1960.

schwach getrocknet zu großen Haufen vor den Stallungen der Grundbesitzer aufgethürmt als Streu benützt. Der reiche Getreideboden Niederbayerns erklärt zu Genüge diesen Vorgang. In anderen Kreisen wird mit der Sichel so tief als möglich der Halm abgeschnitten, die Stoppel noch abgeweidet und doch füllt sich nicht immer die Scheune", wie in den Höhen des Oberpfälzer und Bayerischen Waldes.[18]

Die Erntezeit war die Periode der stärksten Arbeitsbelastung. Alle am Hof verfügbaren Personen mußten mit aufs Feld; große Betriebe heuerten zusätzlich Tagelöhner an. Ein schnelles Einbringen der Ernte lag im Interesse eines jeden Bauern, denn ein Wetterumschwung konnte die reifen Früchte am Feld vernichten.

Bei einem mittelgroßen Hof dauerte die Getreideernte etwa zwei bis drei Wochen; die tägliche Arbeitszeit erhöhte sich dabei auf 16 bis 17 Stunden. Die harte Arbeit des Getreideschneidens ließ den Kalorienbedarf auf 5000 bis 6000 Kalorien pro Tag ansteigen. Die schmalzreichste Kost bzw. die größten Mengen an Speisen gab es deshalb während der Erntezeit. Speziell bei kleinbäuerlichen Betrieben ohne Dienstboten und Tagelöhner war die Belastung der Bäuerinnen mit den zusätzlichen Erntearbeiten immens.

56

Getreideernte mit Sense und Sichel, Bayerischer Wald, Anfang 20. Jahrhundert.

Arbeitstag einer Kleinbäuerin zur Erntezeit

Zeit	Tätigkeiten

3–4 Uhr **Aufstehen**
Stallausmisten, Füttern,
Melken, Milchverarbeitung
und Frühstück vorbereiten

6 Uhr **Frühstück:**
Suppe, Brot oder Kartoffeln
Hinaus aufs Feld!
Heubereitung, bei Getreide-
ernte Garben binden,
Brotzeit vom Hof holen

9 Uhr **Brotzeit:**
Milch, Kartoffeln oder Brot
Heuzubereitung,
Garbenbinden

10 Uhr **Zurück zum Hof!**
Mittagessen vorbereiten,
Füttern, Viehputzen

11 Uhr **Mittagessen:**
Sauerkraut, Kartoffeln,
saure Milch oder gebackene
Nudeln, Rübengemüse
Zurück aufs Feld!
Heubereitung, Garben-
binden, Ernteeinfuhr,
Brotzeit vom Hof holen

15 Uhr **Brotzeit:**
Brot
Weiterarbeit am Feld

16.30 Uhr Zurück zum Hof!
Füttern, Melken,
Reinigung der Milchgefäße,
Abendessen vorbereiten

18 Uhr Kraut, Kartoffeln, saure
Milch kochen und
Viehfutter für den
nächsten Tag vorbereiten,
Butter- und Käsebereitung,
Gerätereinigung,
evtl. Näh- und Flickarbeiten

20–21 Uhr Nachtruhe

(Quelle: Niederbayerisches Landwirtschaftsmuseum)

Erntehelfer im Grafenauer Land nach dem Ersten
Weltkrieg.

Den Winter über entkörnte und reinigte
man das Getreide. Um Martini (11. 11.)
begann die Dreschzeit, die bei großen
Bauern mit ebensolchen Getreidemengen bis zu 100 Tage dauern konnte. Drastische Vergleiche zeugen davon, daß
das Dreschen Schwerstarbeit war: ,Dear
frißt wia a Drescher!' Mit aus diesem

Grund setzte sich der Einsatz technischer Hilfsmittel hier relativ früh durch.
In einer Denkschrift von 1860 heißt es
bereits: *„Das Ausdreschen geschieht in
ganz Bayern mit dem Bengel (auch Schmierer), mit dem Dreschflegel und mit Dreschmaschinen . . . Der Dreschflegel ist bei allen
mittleren und kleineren Wirthschaften vorherrschend, die Maschine aber in den größeren."*[19]) Ostbayern war bezüglich des
Einsatzes von Dreschmaschinen ,gespalten'. Während um 1860 das reiche Niederbayern mit 183 Stück die höchste
Dreschmaschinendichte von ganz Bayern aufwies, bildete die Oberpfalz zusammen mit Oberfranken das absolute
Schlußlicht.

Nicht nur bei den Reformen des Bewirtschaftungssystems orientierte man sich
an der fortschrittlichen Landwirtschaft
Englands. Dort und in Schottland wurden im 18. Jahrhundert auch bereits fast
alle wichtigen technischen Erfindungen
entwickelt: Sämaschine, Mäh- und
Dreschmaschine, Reformpflüge und die
Dampfmaschine als d i e revolutionäre
Kraftquelle. Für die Verbreitung setzten
sich die Landwirtschaftlichen Lehranstalten sowie der Landwirtschaftliche
Verein in Bayern ein. Trotzdem waren
es bis 1890 vornehmlich Gutsbetriebe
und sehr große Bauernhöfe, die die teuren Maschinen verwendeten.

Vor 1860 stellte allein die Beschaffung
der neuen Technik die Interessenten oft
vor große Probleme. Bei vielen Produkten gab es noch keine deutschen Hersteller, bebilderte Landmaschinenprospekte waren noch unbekannt. So z. B.
schickte der reformfreudige Frhr. von
Closen aus Gern (Lkr. Rottal-Inn) Anfang des 19. Jahrhunderts einen Knecht
in die Schweiz, um sich dort auf einem
der wenigen europäischen Versuchsgüter neue Pflüge und Geräte nachbauen
zu lassen. Nach vielen Monaten hatte er
endlich diese per Leiterwagen nach Niederbayern gebracht. Wenige Jahre später
lieh sich der gleiche Gutsherr vom Landwirtschaftlichen Verein in München eine
Dreschmaschine aus, die dieser zu An-

schauungszwecken sich aus England hatte kommen lassen. Den Winter über ließ Frhr. von Closen die Maschine vollständig zerlegen und von seinen Gutshandwerkern nachbauen. Auf diesem Weg hat 1827 eine der ersten – wenn nicht die erste überhaupt – Dreschmaschinen ihren Weg nach Ostbayern gefunden.

Vielerorts entstanden in Deutschland aus Dorfschmieden kleine Fertigungsbetriebe für ‚Reformgeräte‘, anfänglich meistens für Pflüge, Futterschneider etc. Die Kundenwünsche richteten sich aber schnell auf standardisierte Produkte und damit war den handwerklichen Betrieben kein langer Erfolg beschieden. Zu den bekanntesten Mechanikern und Schmieden, die sich um 1850 in Ostbayern mit der Fertigung neuer Geräte beschäftigten, gehörten u. a. Zorn in Regensburg, Hamminger in Aukofen, Schandry in Straubing und Sommer in Landshut. Von dieser Zeit an eroberten aber bereits schnell expandierende Landmaschinenfabriken den Markt, wie z. B. Eckert in Berlin (1847), Sack in Leipzig (1850), Lanz in Mannheim (1867). Zu den frühen bayerischen Vertretern zählten die Gebrüder Eberhardt in Ulm (1854), Buxbaum in Augsburg (1859) und Esterer in Altötting (1867).

Außer eisernen Pflügen und in Niederbayern Dreschmaschinen konnten sich auf den Bauernhöfen Ostbayerns Reformgeräte bis 1890 nicht durchsetzen. Nun aber verschärfte sich die Arbeitskräfte- und Lohnproblematik ebenso, wie die internationale Konkurrenz am Agrarmarkt stärker wurde. Die Bauern waren gezwungen, zu rationalisieren und die Produktion zu steigern. Sämaschinen z. B. reduzierten den Saatgutbedarf erheblich; zudem verteilten sie die Körner besser. Mit einer Mähmaschine konnte der Bauer pro Tag rund drei Hektar Getreide schneiden. Für die gleiche Fläche hätte er sechs Sensen – oder 18 Sichelmäher – benötigt. Bei enorm steigenden Dienstbotenlöhnen wurde somit der Ankauf der teueren modernen Maschinen rentabel.

Der Übergang von der Hand- zur Maschinenarbeit wurde im wesentlichen von der Hofgröße, dem Arbeitskräftebedarf und durch die wirtschaftliche und finanzielle Leistungskraft des Betriebes bestimmt. Kleinbäuerliche Betriebe ohne teure Fremdarbeitskräfte waren nicht im gleichen Maß zur Anschaffung von Maschinen gezwungen wie Großbetriebe. Noch 1925, als 98 % aller Großbetriebe in Ostbayern bereits Sämaschinen verwendeten, nutzten nur 4 % der Anwesen

Verbreitung landwirtschaftlicher Maschinen in Ostbayern[20]

Jahr (Anzahl d. landwirtschaftl. Betriebe)	Sämasch.	Mähmasch.	Dreschmasch.	Kartoffelerntemasch.
1882 (149.758)	296	155	28975	x
1895 (146.798)	2700	139	50394	x
1907 (146.591)	9138	1412	74891	25

x = noch nicht vorhanden

Weizenernte mit ‚Ableger' im Landkreis Mainburg, 1949.

unter fünf Hektar landwirtschaftlicher Nutzfläche diese Technik.

Auch die natürlichen Voraussetzungen, die ja die wirschaftlichen Möglichkeiten diktierten, bestimmten mit den Zeitpunkt der Mechanisierung. Der Oberpfälzer und Bayerische Wald mit seinen kleinbäuerlichen Strukturen und schlechten Ertragslagen lag bei der Verbreitung neuer Technologien z. T. bis zu einer Generation im Rückstand.

Kristallisationspunkt für die Mechanisierung der Landwirtschaft wurde die Entwicklung neuer Antriebsquellen. Sie allein ermöglichte den Einsatz von großen Maschinen, die mehr Energie benötigten als Mensch oder Tier aufbringen konnten. Bereits in den 1860er Jahren waren auf ostbayerischen Gütern die ersten englischen Dampfmaschinen im Einsatz. Auch Lohndruschunternehmen zogen mit den rund 3000 Gulden (!) teuren Geräten über Land. Dampfdreschmaschinen setzten sich deshalb im

reichen Niederbayern so rasch durch, weil damit die größten Personaleinsparungen möglich waren. Die Arbeit mit dem Dreschflegel, die auf großen Höfen bis zu drei Monate dauerte, wurde nun durch die Maschine in ein bis zwei Tagen erledigt.

Was dem Gutsbesitzer und später auch dem Bauern zum Vorteil gereichte, brachte für die ländlichen Unterschichten, wie z. B. die Tagelöhner, den Verlust des Wintereinkommens. Abwanderung und Arbeitsplatzsuche in den Städten waren die Folge. 1925 arbeiteten in Ostbayern fast $^3/_4$ aller Betriebe mit über fünf Hektar Fläche mit Dreschmaschinen.

Neben den Dampfmaschinen lieferten nun auch bereits Elektro- und Benzinmotoren die notwendige Energie. Da die Motoren kleiner, beweglicher und vor allem billiger waren als Dampfmaschinen, verdrängten sie diese relativ rasch. Vor allem als Traktoren auf den Markt ka-

Dampfpflug im Einsatz, 1902.

men! Erstmals stand damit eine selbstfahrende Arbeits- und Antriebsmaschine zur Verfügung, die auch für Feldarbeiten eingesetzt werden konnte. Wie keine andere agrartechnische Neuerung sollte sie das Gesicht der bäuerlichen Arbeitswelt verändern. In Amerika liefen Traktoren bereits im letzten Jahrzehnt des 19. Jahrhunderts.

Als Meilenstein deutscher Agrartechnologie gilt der 1921 von der Firma Lanz vorgestellte ‚selbstfahrende Schwerölmotor' mit 12 PS und einem Zylinder. Der unter dem Namen ‚Bulldog' bekannt gewordene Traktor erlangte bei den Bauern große Beliebtheit. In der ‚Deutschen-Motor-Zeitschrift' war 1925 darüber zu lesen: *„Wohl der verbreitetste Typ des Traktors ist der Bulldog der Firma Heinrich Lanz, Mannheim, in seiner neuesten rassig-* *sten Ausführung . . . Die Leistung eines einzigen Bulldogs mit seinen 12 PS entspricht etwa der von drei Pferden. Dabei hat er den Pferden voraus, daß er länger als acht Stunden arbeiten kann und nichts frißt, wenn er nichts arbeitet. Seine Betriebskosten betragen samt Verzinsung, Abschreibung und Reparatur ein Drittel von denen des Pferdebetriebes. Infolge seiner unübertrefflichen Einfachheit kann er von jedem Laien bedient werden.*"[21]

Ende der 1930er Jahre begannen verschiedene Firmen mit preisgünstigen ‚Bauernschleppern' das Interesse auch der mittelbäuerlichen Betriebe zu wecken. Da die meisten Traktoren bereits mit Zapfwelle und Hydraulik ausgestattet waren, konnte der Fahrer vom Sitz aus die angekoppelten Arbeitsmaschinen bedienen. Damit war erstmals der

61

Weg zur personalextensiven Landwirtschaft, zum Ein-Mann-Feldbaubetrieb, beschritten.

Rapide war der Anstieg an Traktoren vor allem nach 1950. In Ostbayern liefen 1925 183 Schlepper, 1949 waren es bereits 5591, und heute verfügt fast jeder Hof über durchschnittlich zwei Traktoren. Mit dem Beginn der Vollmechanisierung seit den 1960er Jahren wurden fast alle landwirtschaftlichen Arbeiten mit Hilfe von Maschinen erledigt.

Der geringe Selbstversorgungsgrad der Bevölkerung nach dem Zweiten Weltkrieg hatte zu Produktionssteigerungen gezwungen, die Abwanderung zahlloser landwirtschaftlicher Arbeiter in Industrie und Gewerbe zu gewaltigen Rationalisierungsmaßnahmen. Gefördert wurde die Technisierung der Landwirtschaft mit enormen staatlichen Subventionen, so daß die Landwirtschaft zu einem der kapitalintensivsten Produktionszweige wurde. Heute gehen die Kosten für einen hochspezialisierten, modernen Arbeitsplatz in der Landwirtschaft vereinzelt bereits an die Millionengrenze heran. Auch im mittel- und kleinbäuerlichen Betrieb sind die Investitionskosten gewaltig. Pro Viehstellplatz z. B. werden in Ostbayern 15000 DM veranschlagt.

Wenngleich die Technik den Bauern eine Vielzahl an Arbeiten erleichtert oder abnimmt, verringert wurde die Arbeitsbelastung der bäuerlichen Bevölkerung nicht. Weniger wurden nur die Arbeitskräfte.

Der Agrarrationalismus hat die ehemals primär durch die Natur determinierte Arbeit zu einem komplizierten technischen Ablauf verändert. Da gilt es den computergesteuerten Futterautomaten zu programmieren, die Klimaanlage im Stall zu überwachen, eine hochkompli-

Eine große Hilfe nicht nur für die Bauern im Gäuboden: der vollautomatisch arbeitende Rübenernter.

Mais-Vollernter im Rottal.

zierte Schleppertechnologie richtig ein-
zusetzen oder die Zusammensetzung
von Fungiziden und Düngemitteln auf
die Zulassung hin zu kontrollieren.
Daneben heißt es, sich im Subven-
tionsdschungel zurechtzufinden, die
Marktsituation zu beobachten und richtig einzuschätzen, die Buchführung fi-
nanzamtgerecht zu erledigen und ganz
nebenbei noch eine Bäuerin zu finden,
die bereit ist, das nach wie vor nicht
leichte Bauerndasein mit zu teilen.

Von der Selbstversorgung zur Marktwirtschaft

Landwirtschaft diente neben obrigkeitlichen Interessen bis weit ins 19. Jahrhundert hinein überwiegend der Selbstversorgung, d. h. der Ernährung und Versorgung der Hausgemeinschaft. Bedenkt man, daß zu dieser Zeit ohnehin rund ³/₄ der Bevölkerung in der Landwirtschaft tätig waren, so war damit bereits die überwiegende Mehrheit versorgt.

Eine gute Vorratswirtschaft bildete die Voraussetzung für die ganzjährige Nahrungsmittelversorgung am Hof. ‚Frische' Produkte kamen nur unmittelbar nach der Ernte auf den Tisch, z. B. Gemüse, Obst, Waldfrüchte etc. Auch Frischfleisch gab es nur in Zusammenhang mit den ein bis zwei Schlachtungen pro Jahr.

Aufgabe der Frauen war es, die verschiedenen landwirtschaftlichen Erzeugnisse so zu lagern bzw. zu behandeln, daß sie sich auch noch nach Monaten einigermaßen für die Zubereitung von Speisen eigneten. Wohlschmeckend waren eingelegte Eier, gegorene ‚blaue' Herbstmilchsuppen u. v. m. nach vielmonatiger Lagerung mit Sicherheit nicht mehr.

In den ‚Oberpfälzer Blättern' von 1884 stand als ‚Küchentip' zu lesen: *„starkriechendes Fleisch (ist, Anm. d. Verf.) mit Wasser und einigen frisch aufgeglühten Holzkohlenstücken zu kochen, um zu ersehen, daß dadurch beide, Suppe und Fleisch*

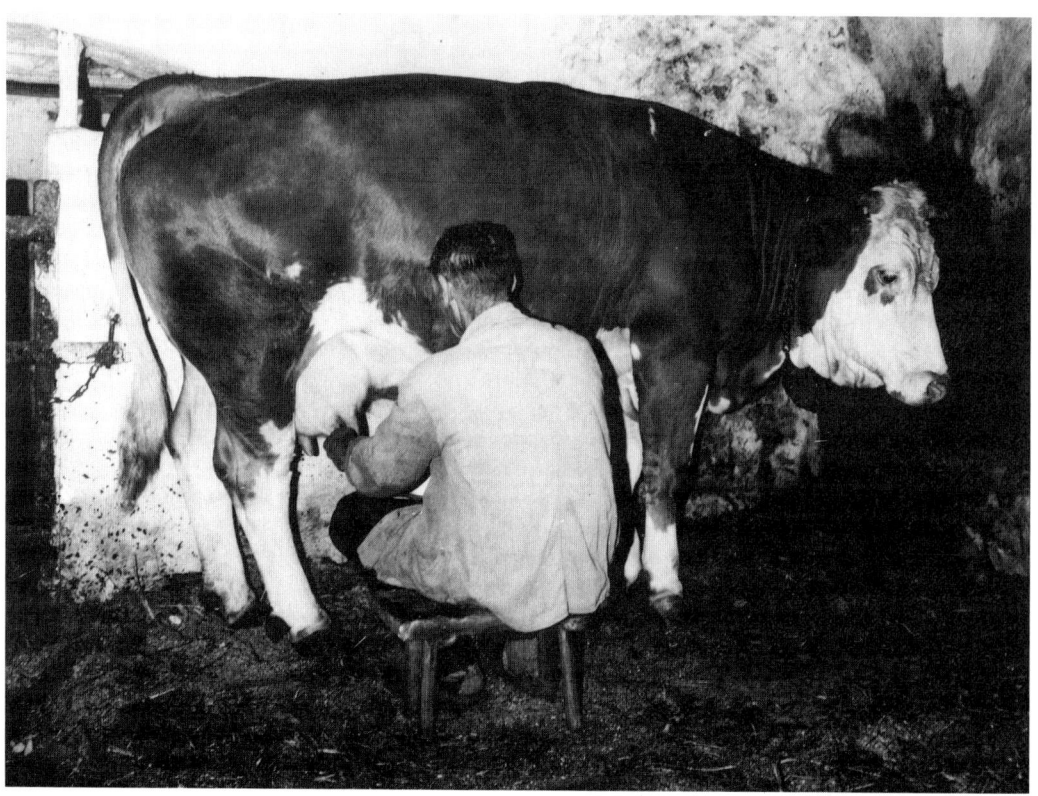

Bei den Häuslern teilten sich das Melken per Hand Bauer und Bäuerin. Auch nach der Erfindung der Melkmaschine zahlte sich eine solche Investition für sie nicht aus.

den reinen Geruch und Geschmack wieder erlangen . . ." Bei Fischen mit ‚modrigem Geschmack' sollte ebenso verfahren werden.

Bis ins 20. Jahrhundert waren die Konservierungsmittel unzureichend, die -techniken oft aufwendig. Kühlschränke kannte man noch nicht; Einmachgläser begannen erst mit der ‚Weck'schen' Erfindung – Gläser und Gummiringe – ab 1899 an Bedeutung zu gewinnen. Als Konservierungsmittel verwendete man vorher nur Salz, Hitze, Gärung, Essig, Rauch und Salpeter. Jedes Nahrungsmittel bedurfte einer anderen Behandlung. Fleisch z. B. machte man mit Hilfe von Salz und Salpeter im luftdicht verschlossenen Surfaß haltbar. Eier legte man in mit Essig oder Kalklösung gefüllte Steinguttöpfe. Auch in Asche oder trockenen Sand vergraben, konnten sie noch nach Monaten verzehrt werden. Milch verarbeitete man durch Gärung in haltbarere Herbstmilch, Rahm durch Hitze zu Schmalz, oder man gewann unter Zugabe von Salz und Konservierungsmittel aus Milch Käse. Kraut und Rüben machte man mittels Gärung und Salz haltbar. Ein Handbüchlein von 1791 empfahl für die Dörrobstbereitung: *„Wer Pflaumen oder Zwetschen dörren will, es sey auf dem Heerde oder im Backofen, der lege sie nicht dicke auf einander, sondern einzeln, und so, daß der Stiel oberwärts geht; sie dürfen nicht sogleich in große Hitze kommen: sondern nur langsam nach und nach getrocknet werden. Eben das gilt von jedem andern Obste; es hält sich weit länger, wenn es langsam und vollkommen ausgetrocknet wird. Je länger es an dem Baume bleibt, oder jemehr man es vorher auf einem Boden, wo Luft durchstreicht, gar ausreifen läßt, desto süsser und besser wird das dürre Obst.*"[22])

Ihr Augenmerk hatte die Bäuerin auch darauf zu richten, daß die Vorräte vor Mäusen und anderem Ungeziefer sicher gelagert waren. Brote z. B. schützte man

Brotbacken im Bayerischen Wald.

vor Mäusefraß, indem man sie in aufgehängten Brotständern aufbewahrte. Im Getreidespeicher war der schwarze Kornwurm gefürchtet. „Dieser ist dadurch vom Kornboden abzuhalten, daß man in die Giebelwände oder Mauern, etwa einen Fuß hoch vom Boden, Löcher oder Oeffnungen anbringen läßt, durch welche die Luft über die Kornhäufen ganz durchstreichen kann . . . Ist der Wurm einmal eingenistet, so ist folgendes Mittel probat: Man breite, sobald sich der Wurm im Frühjahr zeigt, weisse leinene Tücher über die Kornhaufen, und lasse sie über Nacht darauf liegen. Des andern Tages nimmt man sie ab und schüttelt die häufig daran sitzenden Würmer den Hühnern vor. Dieses setzt man so lange fort, bis sich keine mehr daran setzen. Durch diese beyden Mittel kann man die Würmer ganz aus dem Dorfe wegschaffen, wenn sich alle Einwohner derselben bedienen."[23]

Krautmarkt, Deggendorf, Oktober 1925.

Kein Zufall war es, daß sogar das Ungeziefer am Hof als Hühnerfutter noch einer positiven Verwertung zugeführt wurde. Die bäuerliche Selbstversorgungswirtschaft wollte und konnte sich keine Abfallprodukte leisten. Wiederverwendung bzw. Weiterverarbeitung war ein zentrales Prinzip. Das Laub aus den Wäldern fand als Einstreu Verwendung, kaputte eiserne Gerätschaften schmiedete man um, Bettbezüge und Arbeitskleidung flickte man sooft und mit jedem ungenutzten Stoffrest, bis sie einem Flickenteppich ähnelten, ausgedroschenes Stroh flocht man zu Schuhen oder Körben, mit kurzem Wirrstroh füllte man die Strohsäcke, und auch verdorbene Nahrungsmittel waren immer noch gut genug für den Schweinetrog. Nur wenige Dinge, z. B. Salz, Kerzen, Papier oder Gerätschaften mußten auf einem Bauernhof zugekauft werden.

Die Versorgung der nichtbäuerlichen Bevölkerung (Städter, Militär etc.) suchte die Obrigkeit durch die geringen Überschüsse aus den landwirtschaftlichen Selbstversorgungsbetrieben und durch den Verkauf ‚herrschaftlichen Getreides‘ (Naturalabgaben) sicherzustellen. Bei

den minimalen Erträgen, die nur allzuoft nicht einmal eine ausreichende Ernährung für die bäuerliche Familie boten, wird deutlich, welche Bedeutung das ertragreiche Niederbayern als Kornkammer für den gesamten bayerischen Staat in vorindustrieller Zeit hatte.

Im Durchschnitt rechnete man, daß ein Bauernhof nur rund 20 % mehr erwirtschaftete, als er für die Versorgung seiner Bewohner benötigte. Diese Überschüsse kamen ebenso wie die Kaufmannswaren primär auf den Märkten zum Verkauf.

Das Recht, Märkte abzuhalten, wurde von der Obrigkeit verliehen. Um 1800 besaßen in ganz Niederbayern und der Oberpfalz nur rund 130 Städte und kleinere Orte Marktrechte. Die geringe Marktdichte brachte nur eine lückenhafte Warenverteilung – wenige und fast

Viehmarkt, Bayerischer Wald, um 1930.

durchwegs schlechteste Straßen lange Reisezeiten und hohes Risiko für Leib, Leben und Waren. Je nach Warenangebot unterschied man verschiedene Märkte. Auf den Wochenmärkten herrschte der Handel mit Viktualien vor.

Auf den Jahrmärkten, die meist acht- bis zwölfmal pro Jahr stattfanden, wurden hauptsächlich Kaufmannswaren wie Tuche, Salz etc. angeboten. Im Frühjahr und Herbst regelten Viehmärkte den Umschlag an Pferden, Ochsen, Kühen und Schweinen. Daneben gab es Hopfen-, Garn- und andere Märkte mehr.

Mit am wichtigsten waren die Getreidemärkte, auch **Schrannen** genannt. Nur an diesen offiziell zugelassenen Plätzen durften die Bauern ihr Überschußgetreide verkaufen. Getreide von Adeligen und der Kirche unterlag nicht dem Schrannenzwang, war damit preislich nicht reglementiert.

Die bedeutendste Schranne Ostbayerns war in Landshut, gefolgt von Straubing. Der Schrannenhandel unterlag genauen Reglementierungen. In Straubing lauteten 1838 die wichtigsten Bestimmungen: *„Schrannentage sind der Mittwoch oder Samstag (§ 1). Die Schranne findet weiter auf dem Oberen Stadtplatz statt (§ 2). Die Zufuhr von Getreide zur Schranne war an den Schrannentagen jeweils bis 10 Uhr erlaubt (§ 4). Die Schranne beginnt von Georgi bis Michaeli um 5 Uhr, Michaeli bis Georgi um 7 Uhr (§ 5). Der Konsument genoß keinen Vorzug vor dem Getreidehändler (§ 8). Verboten war der Verkauf von ungeputztem, nassem oder gemischtem Getreide (§ 8). Von Getreidetransporten, die für die Schranne bestimmt waren, durfte unterwegs kein Getreide gekauft werden, auch durfte kein Getreide unter der Hand vor Beginn der Schranne verkauft werden oder irgendwelche Preisabsprachen getroffen werden (§ 9). Alle Getreidekäufe an den Schrannentagen mußten der Polizeibehörde gemeldet* werden (§ 10). *Zuwiderhandlungen gegen die Schrannenordnung wurden mit Geld- oder Arreststrafen geahndet (§ 13). An den Schrannentagen waren allein die Getreidemesser für das Abmessen des Getreides zuständig (§ 15).*"[24]

Da es in Ostbayern nur wenige Schrannenorte gab – im Bayerischen Wald z. B. um 1800 nur Cham –, war es den Bauern wegen der schlechten Verkehrsverhältnisse oft gar nicht möglich, ihr Überschußgetreide anzuliefern. Ein Großteil des Getreidehandels lief deshalb über Hausierer und Aufkäufer, die übers Land zogen. Zugleich sparten die Bauern sich dadurch die Schrannengebühren.

Bis über die Mitte des 19. Jahrhunderts hinaus wurde also die überwiegende Mehrheit der ostbayerischen Bevölkerung hofintern im Rahmen der bäuerlichen Selbstversorgungswirtschaft er- nährt. Ein wenig ausgeprägter und effektiver Handel verteilte die geringen Überschüsse der Agrarproduktion an die Minderheit der nicht in der Landwirtschaft tätigen Bevölkerungsgruppen.

Diese Situation änderte sich ab der zweiten Hälfte des 19. Jahrhunderts rapide. Im Zuge der Industrialisierung wurde eine Fülle neuer Arbeitsplätze geschaffen, mit besserer Bezahlung und mehr persönlichen Freiheiten, als sie das Sozialgefüge einer bäuerlichen Hausgemeinschaft duldete. Eine Massenabwanderung der ländlichen Unterschichten begann. Der Ausbau der Verkehrswege und speziell des Eisenbahnnetzes brachte nicht nur ein leistungsfähiges, kostengünstiges Transportmittel – er eröffnete völlig neue und massenhafte Arbeitsmöglichkeiten.

Der enorme Bedarf an Schienen und anderen Eisenwaren führte in der zweiten Hälfte des 19. Jahrhunderts zu einer Neubelebung der Oberpfälzer Montanindustrie (z. B. 1863 Errichtung der ‚Maxhütte' bei Sulzbach-Rosenberg). Wer hier keine Arbeit fand, wanderte aus der Oberpfalz hauptsächlich in die

Industriegebiete nach Sachsen ab. Teilweise bis zu 30 % betrugen die Bevölkerungsverluste aus den kargen Ackerbaugebieten des Oberpfälzer und Bayerischen Waldes seit Mitte des 19. Jahrhunderts. Allein aus den Landkreisen Kötzting und Cham wanderten von 1876 bis 1933 30000 Personen ab in die aufstrebenden Ballungsgebiete wie München, Augsburg und Nürnberg, aber auch in die Mittelzentren.

Bevölkerungsentwicklung
(nach amtlichen Statistiken)

	1840	1910	1939
Weiden	2284	14921	29372
Regensburg	21942	52624	95631
Straubing	8825	22021	28962
Passau	10211	20983	25565

Das schnelle Anwachsen der städtischen Bevölkerung brachte erhebliche Probleme bei der Versorgung mit Nahrungsmitteln. Trotz großer Produktionssteigerungen in der Landwirtschaft konnte der städtische Nahrungsmittelbedarf nicht mehr mit einheimischen Erzeugnissen befriedigt werden. Zudem erwiesen sich der kleinräumige Handel und die wenigen stark reglementierten Schrannen zunehmend als untauglich für die neue Situation.

Neben wesentlich verbesserten Verkehrs- und Transportmöglichkeiten schufen neue Informationsmedien die notwendige Infrastruktur für die Umgestaltung des Marktes. Die Reformen von 1848 hatten die Pressefreiheit gebracht und damit zu einem Aufschwung des Zeitungswesens geführt (1849 Gründung der ‚Landshuter Zeitung'). Seit den 1860er Jahren begann man in Ostbayern Briefkästen zu installieren, und 1893 ging das erste übergeordnete Telefonnetz (München–Landshut–Regensburg–Passau) in Betrieb.

Die Einführung der Gewerbefreiheit (1868) und die zeitweise Abschaffung von Getreidezöllen für ausländisches Getreide taten ein übriges, um eine frei-

BayWa-Lagerhaus, um 1930.

zügige, überregionale und wettbewerbs-
orientierte Handelspolitik Fuß fassen zu
lassen. „*Heute ist die Zeit der lokalen Ab-
geschlossenheit des Getreidemarktes vorbei,
mit ihr die lokale Jahresspekulation auf
Nothpreise und das Aufstappeln von Vor-
räthen aus mehreren Jahren. Der Getreide-
markt ist Weltmarkt geworden. Die
Spekulation ist nicht stoßweise auf Jahre,
sondern in permanenter Bewegung, um die
fast mit den Monaten sich ablösenden Ernten der verschiedenen Weltheile mit einander zu verbinden und so möglichst eine
Gleichmäßigkeit in der Bewegung der Preise
herbeizuführen. Nothpreise existieren nicht
mehr.*"[25])
An die Stelle der Schrannen traten Ge-
treidebörsen. Private Landhandelsfir-
men übernahmen den Zwischenhandel;
Lagerhäuser für Agrarprodukte schossen aus dem Boden. Ein überregionaler
Markt begann die landwirtschaftliche

Produktion zu steuern und die Preise zu
diktieren. Für die Bauern war es nicht
leicht, sich dem bislang unbekannten
Wettbewerb zu stellen. Speziell die Ge-
treideimporte aus Rußland und Amerika
ließen bereits im 19. Jahrhundert den
Weizenpreis rapide fallen. Von 1872 bis
1880 stieg die amerikanische Weizenaus-
fuhr von 14 auf 80 Millionen Zentner.
Dem Preisverfall suchten die Bauern
durch Produktionssteigerungen und
Rationalisierungsmaßnahmen – primär
technischer Art – zu begegnen. Auch mit
der Gründung von Genossenschaften
(1882 Darlehenskassenverein Kirchbuch
, Oberpfalz, 1892 Darlehenskassenverein
Straßkirchen, Niederbayern) als Selbst-
hilfeeinrichtungen versuchte man, die
Situation zu verbessern. Dennoch führten die hohen Investitionen bei der Ma-
schinenbeschaffung, verbunden mit nie-
deren Getreidepreisen, bei vielen Anwe-

Getreidesilo der Gegenwart.

sen zu starker Verschuldung. Speziell im letzten Jahrzehnt des 19. Jahrhunderts verloren in Ostbayern zahlreiche Familien ihre Höfe.

Mit der Orientierung des Landbaus am überregionalen Markt, dem Rückgang der Arbeitskräfte am Hof und dem damit verbundenen geringeren Eigenbedarf sowie einer stark gestiegenen Agrarproduktivität hat das alte Selbstversorgungssystem sein Ende gefunden. Reste dieses ehemaligen bäuerlichen Wirtschaftsprinzips konnten sich im Oberpfälzer und Bayerischen Wald bei kleinbäuerlichen Anwesen zum Teil noch bis nach 1945 halten.

Mit der Umgestaltung der bäuerlichen Wirtschaftsweise ging gleichzeitig eine gigantische Produktionssteigerung einher. Vermochte vor 150 Jahren eine landwirtschaftliche Arbeitskraft gerade drei Personen zu ernähren, so sind es gegenwärtig fast 60 Nichtlandwirte, die ein Bauer mit Nahrungsmitteln versorgen kann. Nicht mehr eine zu geringe Agrarproduktion, sondern enorme Überschüsse und sinkende Erzeugerpreise verursachen neben der starken Belastung der ökologischen Systeme durch den überzogenen Einsatz von Agrarchemie gegenwärtig die Hauptprobleme der mitteleuropäischen Landwirtschaft.

Ausbringung von Spritzmitteln.

Die kulturelle Welt des Bauern im Umbruch

„. . . und wer nicht braucht den lieben Gott,
der ist der größte Idiot.“

An Wegrändern wie Kapellen und Hauswänden sind sie vor allem im Unteren Bayerischen Wald zu finden: die Waffen-Christi-Kreuze, die an die Leidenszeit Christi mit oft bis zu 33 verschiedenen Marterwerkzeugen erinnern. Dieses Waffen-Christi-Kreuz ist in Bernhardsberg bei Waldkirchen errichtet.

Segenszeichen und Bauernfeiertage als tägliche Wegbegleiter

In umgekehrter Reihenfolge der benediktinischen Ordensregel ‚Bete und arbeite!' ist die bäuerliche Bevölkerung Ostbayerns seit der Christianisierung mit Scholle und Gott gleichermaßen verbunden. Nicht nur im sakralen Bereich während der kirchlichen Feste und sonntäglichen Gottesdienste, auch im Alltag waren die himmlischen Mächte allgegenwärtig. Das begann mit dem Taganläuten zum Sonnenaufgang und endete mit dem Nachtgebet.

Dazwischen lag eine Fülle von kleineren und größeren religiösen Handlungen, z. B. Tischgebete vor und nach den Mahlzeiten, ein dreimaliges ‚Vater unser' und ‚Gegrüßet seist du Maria' zum abendlichen Ave-Läuten, Bekreuzigen beim Verlassen der Stube mit in Weihwasser getauchten Fingerspitzen, dreimaliges Bekreuzigen der Unterseite eines Brotlaibes, bevor er angeschnitten wurde, u. v. m.

In einer Zeit, in der Gefahren und Nöte nahezu alltäglich waren, nicht für jede Krankheit ein Facharzt zur Verfügung stand, kein staatliches Sozialwesen vor Bettelei wegen Alter oder Arbeitsunfähigkeit schützte und keine Hagel- oder Viehversicherung gegen die Unbillen der Natur, die häufig zu Katastrophen führten, Ausgleich gewährten, überantwortete man seinen Alltag einem göttlichen Wesen.

Die Angst vor einem ungnädigen Schicksal war allgegenwärtig, alleiniger Rettungsanker die Macht und Gnade Gottes bzw. stellvertretend die der Heiligen. Die Gunst eines hilfespendenden göttlichen Wesens zu erlangen oder diesem Dank zu sagen, darauf waren alle Gebete und Opfer gerichtet.

Neben den Sonntagsgottesdiensten war das bäuerliche Jahr angefüllt mit einer Vielzahl von religiösen Feiertagen und anderen Gebetsterminen: Bußandachten in der Fastenzeit, Kreuzweg- und Maiandachten, Roratemessen im Advent usw.

Nur während der Erntezeit hatten die kirchlichen Obrigkeiten früher weniger Feiertage und Gebetstermine anberaumt. Kein Wunder, daß der Kirche an einer sicheren Ernteeinfuhr gelegen war, schließlich finanzierte sie sich vor der Säkularisation im wesentlichen daraus. Auch die Opfergelder – die speziell bei bekannten Wallfahrtskirchen oft gewaltige Summen erreichten – setzten eine einigermaßen ausreichende wirtschaftliche Basis voraus.

Neben den kirchlichen Heiligtümern spielte bei der bäuerlichen Bevölkerung die persönliche Andacht eine wichtige Rolle. Sie äußerte sich in einer Vielzahl von Sachzeugen wie Tauf- und Erstkommunionkerzen, Wachsstöcken als Patengeschenke, Wallfahrtsandenken, Klosterarbeiten, Eingerichten, Haussegen, Gebetsbüchern, Rosenkränzen u. ä. Zum Zentrum der häuslichen Andacht entwickelte sich aus der Verknüpfung von Tisch- und Gebetssitte der Herrgottswinkel über dem Tischeck in der Stube.

Pestsäulen wurden einst als Dank für die Errettung vom ‚Schwarzen Tod' errichtet.

Auch nach außen hin trug man seine Gläubigkeit zur Schau; denn noch vor 100 Jahren stellte sie neben der wirtschaftlichen Potenz das zweitwichtigste Kriterium für gesellschaftliche Anerkennung dar. Kein Wunder also, daß sich die Dokumentation der Religiosität mit der Finanzkraft des Hofes steigerte! An den exponierten Plätzen wurden die christlichen Segenszeichen und Bilder angebracht, z. B. großflächige Wandgemälde an den Fassaden, gemalte Motive an Hauseingang oder Hofeinfahrt, um diese unter besonderen göttlichen Schutz zu stellen, und am Dach ein aus Ziegelmehl gebranntes Firstkreuz. Dreifaltigkeits- und Mariendarstellungen, aber auch Bauernheilige wie Notburga, Isidor, Florian und Leonhard waren in Ostbayern weit verbreitet.

Daß die nach außen hin zur Schau gestellte demonstrative Gläubigkeit nicht immer der tatsächlichen entsprach, davon wußten bereits die Physikatsberichte. Für das Gebiet um Deggendorf hieß es:
„Die religiöse Haltung des Volkes ist im allgemeinen eine gute; doch werden leider die äußeren Formen der Religion hauptsächlich nur geübt, besonders gehört hierher der fleißige Besuch der Kirchen warhaft zum Alltagsgeschäft."

Auch außerhalb von Haus und Hof sowie den kirchlichen Sakralräumen fand die Religiosität ihren Niederschlag. Kriss-Rettenbeck schreibt in seiner Abhandlung ‚Bilder und Zeichen religiösen Volksglaubens':
„Das Bedürfnis, durch Bild und Zeichen Außersinnliches und Übernatürliches zu vergegenwärtigen oder die wirksame Gegenwart des Heiligen zu verkörpern, äußert sich aber nicht nur innerhalb der Grenzen des geschlossenen Ortes, sondern darüber hinaus auch in der freien Landschaft: durch Errichtung von Weg-, Feld-, Wetter- und Bergkreuzen, Bildsäulen, Totenleuchten, Bildstöcken, Bildhäuschen und Kapellen, durch Aufstellen von Totenbrettern, Marterln und Bußkreuzen, durch die Anlage von Kreuzwegen, Kalvarienbergen und Friedhöfen . . ."

Als Zeugnisse des Volksglaubens sind auch die freistehenden wie an Scheunen-, Haus- und Kapellenwänden angebrachten Totenbretter zu werten. Als man noch keine Särge und Leichenhäuser kannte, wurde der Tote zu Hause auf einem Brett aufgebahrt. Mit diesem wurde er auch, in ein Leintuch gehüllt, zu Grabe getragen. Das Brett wurde dann über der Grube in Schräglage gebracht, so daß der Tote in die Tiefe glitt. Davon kommt der Ausdruck ‚Er ist vom Brett gerutscht', was im Volksmund für ‚Er ist gestorben' steht.

In der Regel ließ man in Ostbayern sein Totenbrett von einem Schreiner noch zu Lebzeiten anfertigen. Nach seinem eigentlichen Verwendungszweck diente es oft als Stegbrett über ein Bächlein oder einen Graben. Nach dem Volksglauben war man der Ansicht, daß der Tote erst dann das Fegefeuer verlassen und in den Himmel aufsteigen könne, wenn das Brett endgültig verfault war.
Von den kirchlichen Organen wurde diesem Volksglauben nicht widersprochen. Die Totenbretter waren teils kunstvoll ausgeschmückt. In der Gegend um Cham wurden darauf auch ‚Lebensuhren' aufgemalt, die die genaue Todesstunde anzeigten. Die Verse darauf mußten nicht immer todernst sein. So zum Beispiel liest man auf einem Totenbrett am Rachel-Aufstieg die Aufschrift:

„Wandrer, steh und bet für mich,
ich glaub', wir brauchens, du und ich.
Zum Dank dafür tu' ich dir kund,
zum Rachel sind dreiviertel Stund."

An einem Marterl bei Passau ist zu lesen:

„Hier liegen die Gebeine von mir;
Mir wär's lieber, sie wären von Dir!"

Wer an einem Totenbrett vorbeikam, der unterließ es früher nie, kurz stehenzubleiben, sich zu bekreuzigen oder ein Vaterunser für den Verstorbenen zu beten. Nach dem Volksglauben profitierten schließlich beide davon, die Seele des

Neben einem Wegkreuz im Lallinger Winkel: Mehr als ein Dutzend Totenbretter erinnern an die Verstorbenen.

Verstorbenen und das Seelenheil des Betenden.

Auch die Marterl und Flurkreuze berichteten meistens vom Tod, allerdings meist von Unfall oder Verbrechen. Bäuerliche Flurdenkmäler erzählen niemals das Märchen einer heilen bäuerlichen Welt. Sie sind ein Spiegel harter Alltagswirklichkeit, geben Aufschluß über das frühere Arbeitsleben und berichten von vielen Arbeitsunfällen, von beim Baumfällen erschlagenen Knechten, vom Erntewagen erdrückten Bauern u. v. m.

Religion, Aberglaube, Volksmedizin und Scharlatanerie waren auf das engste miteinander verbunden. Bis ins ausgehende 18. Jahrhundert waren es vornehmlich Mönche, die ob ihres Wissens um die Wirkung von Arzneipflanzen als Ärzte fungierten, gleichzeitig aber auch die religiösen Heilmittel verwalteten. Errettung konnte man nach der christlichen Heilmittellehre nur durch Gebet oder Segen erlangen. Da-

neben suchte man Zuflucht zu einer Vielzahl von magischen und mystischen Praktiken.

Hazzi schrieb in seinen statistischen Aufschlüssen Anfang des 19. Jahrhunderts über Teile Ostbayerns:

„Bei Krankheiten nehmen die Leute Zuflucht zu alten Weibern, Schindern und zu abergläubischen Mitteln, daher hat hier der Mönch mit seinem Hexenrauch, der Zahnarzt mit seiner Salbe, der Schatzgräber mit seiner Wunschelrute, und die vielen anderen Vagabunden und Sammler gute Kundschaften; besonders fehlte es deswegen in den Klosterkirchen an wunderthätigen Bildern nicht.“

Das Anlegen von brennenden Kerzen am Blasiustag (3. Februar) z. B. sollte gegen Halsleiden helfen; die Opferung von mit Getreide gefüllten Tonkopfurnen (z. B. in St. Hermann bei Bischofsmais) praktizierte man bei Kopfschmerzen.

Auch die Geschichte der Landwirtschaft suchte man mit volksreligiösen und abergläubischen Praktiken zu lenken. So beschwor man eine gute Ernte und wollte Unheil fernhalten, indem man Kreuze aus dem Holz der Palmgerte auf Felder und Wiesen steckte. Dem Vieh gab man in der Heiligen Nacht (24. Dezember) mit Salz bestreutes Brot zu fressen, um damit der Gnade Gottes sicher zu sein.

In der Dreikönigsnacht ‚räucherte‘ man den Stall mit gesegnetem Weihrauch aus. Durch das Gebet vor der schwarzen, geweihten Wetterkerze suchte man Blitz und Donner von Hof und Flur fernzuhalten. Die berühmte Wetterglocke der Wallfahrtskirche ‚Unsere Liebe Frau zum Heiligen Blut‘ am Hohenbogen z. B. trägt die Inschrift *„Maria heiß ich. Donner vertreib ich."*

Ende des 18. Jahrhunderts bereits wandten sich die Aufklärer gegen ‚derley Unsinn‘ wie Aberglaube und volkstümliche Bräuche. 1783 wurde das Wetterläuten bei 20 Taler Strafe verboten, wenig später ein Großteil der bäuerlichen Feiertage abgeschafft, Umritte, Bittgänge und Wallfahrten bis auf wenige Ausnahmen untersagt.

Speziell im 20. Jahrhundert unter dem Einfluß einer rationalistischen und technikorientierten Welt ist die Gläubigkeit der Bevölkerung auf dem Rückzug. Bei den Sonntagsgottesdiensten zeugen weitgehend leere Kirchenbänke davon. Dennoch ist die ländliche Bevölkerung auch heute noch z. T. stark religiös orientiert. Auch die demonstrativ zur Schau gestellte Gläubigkeit wurde an einem entlegenen Hof bei Waldkirchen noch in den 70er Jahren mit halbmetergroßen Lettern an der Hausfassade praktiziert, wo zu lesen stand:

„Menschenwerke vergehen,
Gotteswerke bestehen,
und wer nicht braucht den lieben Gott,
der ist der größte Idiot."

Auch der bäuerliche Feiertagskalender orientierte sich an Heiligen bzw. göttlichen Wesen. Man denke nur an Heiligdreikönig, Christi Himmelfahrt, Allerheiligen, den Leonhardstag oder Weihnachten!

Als Ausgleich dafür, daß der Arbeitstag selten unter zwölf Stunden endete, gab es im 18. Jahrhundert neben den 52 Sonntagen auch noch 19 gebotene und 53 regional verschiedene Feiertage. An 124 Tagen also wurde nur Gott und der Ruhe gehuldigt.

Bayerns Kurfürst Max Joseph machte sich bei der arbeitenden Bevölkerung nicht gerade beliebt, als er 1772 an Papst Clemens XIV. das Ansuchen stellte, er möge die Pflichtfeiertage auf 68 begrenzen.

Diese Verordnung wurde jedoch vielerorts aufgrund der Bedeutung eines lokal verehrten Heiligen unterlaufen, da ein Heiliger vor Ort ja wichtiger war als etwa der Wille des weit entfernten Landesherrn.

Bei Strafe aber war es ab dem 1. Januar 1773 verboten, den abgeschafften und damit ‚entheiligten‘ Feiertagen zu frönen. Bis zu 50 Gulden Strafe drohten, wenn die Wirtshäuser an solchen Tagen nicht geschlossen waren, die Krämereien und die Handwerker nicht offen hatten. Der bayerische Feiertags-Krieg dauerte bis 1805. Danach ließ die Bevölkerung schließlich dann einen um den anderen Bauernfeiertag sterben.

Es muß nicht eigens betont werden, daß die Bauernfeiertage eng mit dem weltlichen wie christlichen Brauchtum, verbunden waren. Kirche und Staat arbeiteten vielfach Hand in Hand. Darüber, daß ein Feiertag richtig begangen wurde, wachte die ‚niedere Gerichtsbarkeit‘ eines Marktes oder einer Stadt genau. Aus dem Landgericht Landau an der Isar ist überliefert: *„Liederliches Verabsäumung des Heiligen Gottesdienstes. Philipp Dreifuß, Bader, und Adam Wagner, Leinweber, haben am H. fest Simonis et Judae unter dem H. Gottesdienst mit einem vagiertem Bader gezöcht und den H. Gottesdienst dahinten gelassen. Dahero jeder mit Händen und Fuessen im Stockh gebüßt worden 4 Stunden."*

Volksgläubigkeit an Weg und Steg, an Feld und Wiesen: Im Unteren Bayerischen Wald, so wie hier im Wolfsteiner Land, gehören Andachts- und Pestsäulen zum Bild der Landschaft.

Die Bauernheiligen St. Notburga und St. Isidor schmücken gemeinsam mit der Muttergottes und dem Jesuskind bis zum heutigen Tage die Giebelfassaden vieler Bauernhäuser.

Die Bauernfeiertage waren natürlich für die Bauern wie das Gesinde willkommene Anlässe, auch unter der Woche mal die Feldarbeit ruhen zu lassen. Versorgt wurde nur das Vieh. Sicher gab es auch in der kalten Jahreszeit traditionsreiche Feiertage wie eben Neujahr, Heiligdreikönig (6. Januar) und den Lichtmeß- (2. Februar) wie Josephitag (19. März), aber gefeiert hatte das Landvolk vor allem im Frühling, Sommer und Herbst nach der Ernte (Kirchweih, St. Leonhard etc.).

Vor allem den 14 Nothelfern galt es als Schutzheilige für das ländliche Volk zu huldigen. In Bayern, Böhmen, Österreich wie in Tirol gibt es dafür viele Zeugnisse. Franz Mader schreibt in seinem Lexikon ‚Das Bistum Passau gestern und heute': *„In der Verdoppelung der heiligen Zahl sieben sah das Volk eine Gemeinschaft von Fürbittern, die den Menschen in allen Notlagen helfen konnten. Dargestellt werden die 14 Nothelfer meist in Verbindung mit der Gottesmutter Maria oder des Jesusknaben. Häufig werden einer oder mehrere aus der Heiligengruppe in ihrer Bedeutung hervorgehoben."*

Kenntlich gemacht sind die 14 Nothelfer durch ihre Attribute: Georg (Drache), Blasius (zwei Kerzen), Erasmus (Winde), Pantaleon (Hände auf dem Kopf angenagelt), Vitus (Ölkessel), Christophorus (Jesusknabe auf den Schultern), Cyriacus (Teufel), Achatius (Dornzweig), Dionysus (Kopf in den Händen haltend), Eustachius (Hirsch), Ägidius (Hirschkuh), Margareta (Drache), Barbara (Turm und Kelch), Katharina (gebrochenes Rad).

In Ostbayern wird einer der Nothelfer häufig durch den hl. Leonhard (Kette und Rind) ersetzt. Groß sind die Aufgabengebiete dieser Nothelfer. Sie halfen

Denkmalgeschützt ist der Grub-Hof zwischen Hengersberg und Auerbach im Landkreis Deggendorf. Am Balkon der gekreuzigte Christus als Segenszeichen.

bei speziellen Anliegen von Menschen, Haus, Hof und Vieh: Angefangen von Zahnschmerzen, Einbruch, Ehe- und Kinderlosigkeit, Bauch- und Herzkrankheiten, Schlangengefahr, Blitz und Hagel, Hochwassergefahr und Rinderseuchen, Halsweh bis zur Mäuse- und Rattenplage gab es nichts, wofür nicht ein Heiliger mit seiner Fürbitte geholfen hätte.

Die Namens- und damit Feiertagslitanei ließe sich unter Einbeziehung der von Ort zu Ort verschiedenen Heiligen, denen Kirchen und Kapellen geweiht wurden, noch lange fortsetzen. Barock denkende Pfarrer förderten die Feiertage natürlich auch um der Kirche und ihrer selbst willen. Denn die Gotteshäuser waren an diesen Tagen voll, und keiner, der von der Arbeit auf Hof und Feld freigestellt war, konnte sich vom Meßbesuch und den damit verbundenen Opfern drücken.

Während des Zweiten Weltkriegs, vor allem aber dann in der Nachkriegszeit verschwanden die Bauernfeiertage immer mehr, wenn auch die bäuerliche Bevölkerung dies nicht von einem zum andern Tag geschehen ließ.

In dem 1954 im Bayerischen Landwirtschaftsverlag in München erschienenen Buch ‚Bayerische Agrargeschichte‘ wird dies sehr wohl registriert, wenn es heißt: *„Ohne geistiges Erfassen führt jedoch die vermehrte Zahl der einzelnen Arbeiten in Haus und Betrieb zu der gefürchteten ‚Arbeitshetze‘. Dazu kommt, daß die Menschen durch das Verschwinden der Feiertagsbräuche in ein anderes ‚Arbeitsklima‘ versetzt worden sind. Der regelmäßige Feierabend, der auf den Sonntag vorbereitende Samstag und die von ‚knechtlicher Arbeit‘ soweit als möglich freigehaltenen Sonn- und Feiertage hatten die notwendigen Ruhepausen gewährt (nur den Männern! Anm. des Autors). Da sie allgemeiner Brauch waren, ermöglichten sie auch einen inneren Abstand vom Arbeiten und schenkten die Bereitschaft zur Muße. Mit dem Schwinden dieser Feiertagssitten sind aber solche Ruhepunkte recht selten geworden.“*

Machten sich Agrarwissenschaftler bereits anfangs der fünfziger Jahre dieses Jahrhunderts solche Gedanken, so konnten sie nicht ahnen, daß in späteren Jahren nicht nur die Feiertage nicht mehr ‚geheiligt‘ würden, sondern es allgemein üblich wurde, an Sonntagen Heu und Getreide einzufahren und das Feld zu bestellen. Ende der fünfziger und anfangs der sechziger Jahre gab es für die Erntearbeiten nach langen Regenperioden noch die vom Pfarrer von der Kanzel verkündete Erlaubnis zur Einbringung der Ernte auch an Sonntagen. Später sahen die Geistlichen angesichts der auf den Feldern immer mehr überhandnehmenden Sonntagsarbeit ein, daß den wirtschaftlichen Erfordernissen von der Kanzel aus nicht mehr beizukommen war. Die Bauern und Landwirte taten schließlich das, was sie für richtig hielten, und fanden unaufschiebbar notwendige Arbeiten auf Feld und Wiese durchaus nicht mehr als gotteslästerlich.

An Gottes Segen ist alles gelegen – bäuerliche Wallfahrten

Das Wallfahren war in den Diözesen Passau und Regensburg nicht nur ein religiöses, sondern auch ein gesellschaftliches, ja gesellliges Ereignis für die gesamte bäuerliche Familie. Die Wallfahrten dienten zum einen dazu, den Dank an den Schöpfer und all seine Heiligen abzustatten, zum anderen, um Gesundheit für Mensch und Tier betend und opfernd zu erflehen.

Das Wort Wallfahrt leitet sich von ‚Wallen' für Wandern ab. Es sind religiöse Pflichtübungen des Bekenntnisses zum Glauben und Werke der Buße. Volksfrömmigkeit und Wallfahrt sind in Wald und Gäu, im Rottal wie in der Oberpfalz tief verwurzelt. Sogar länderübergreifend wurde gewallfahrtet. So z. B. vom Bayerischen Wald in sieben Tage dauernden Fußmärschen hin zur böhmischen Marienwallfahrt Pribram, unweit von Prag. Diese Pfingstwallfahrten zum Heiligen Berg Böhmens kamen ab dem Ende des 19. Jahrhunderts so richtig in Schwung. Heute noch ziert so manche bäuerliche Andachtsstätte eine einst von Pribram mitgebrachte Holzscheitl-Madonna.

Da spielte es offensichtlich keine Rolle, daß die Wallfahrer an der tschechischen Grenze ‚hart behandelt wurden', wie der Volkskundler Dr. Reinhard Haller berichtet, und bei den fünfmaligen Übernachtungen in Wirtshaussälen und Scheunen *„hygienische Mißstände sowie sittliche Gefahren in Kauf genommen werden mußten"*, wie sie die Kirche bezeichnete.

Die Wallfahrten hatten in der Regel ihren Auftakt am 1. Mai, wenn zu Beginn

An Fronleichnam wird der Leib des Herrn in Gestalt der Hostie vom Priester unter einem Baldachin durch die Fluren getragen.

der Maiandachten der besondere Schutz Mariens erfleht wurde.

„Sobald sich der kalte und rauhe Winter beurlaubt und nach ihm der erquickende Frühling in gebluemter Kleydung prächtig eintritt, so bald der Erdboden von dem unbescheydnen Winter seines frostigen Arrests entlassen wird, und benachmahls als ein reicher Handelsmann seine wunderschönen Waaren den Augen, Händen und Nasen feylbietet, so bald die Winterszeit sich endet und der ankommende Frühling Weeg und Straß gangbar machet, alsbald erhebt sich ach mit löblichen Eyfer die Andacht der Marianischen Christen, welche beides Geschlecht von underschidlichen Orthen zu diesem Gnadenstern eylen, forderist aber, wann der unmüssige Baursman nach vilen arbeitsamen Schweisen seine Ackersfrüchte eingebracht und der beschäftigten unmassen Schern und Stadl samt Gottes Dank angefüllt, dazu auf die Meil ist weder Jung noch Alt anzutreffen, der nicht mit girigen Füßen und frölichem Gemüth nacher Maria sich befüget", beschreibt ein Wallfahrtsbuch von anno 1671 den Aufbruch zur Wallfahrt.

Es ist also jener Zeitpunkt gemeint, an dem die erste Feldbestellung abgeschlossen war. Den Sommer über blieb es dann etwas stiller an den Wallfahrtsorten, da einst die Landbevölkerung witterungsbedingt jeden schönen Tag nutzen mußte, um die Ernte einzubringen.

Eine zweite ‚Hochsaison‘ gab es dann ab September, also nach der Ernte. Zwischendurch waren es in der Regel nur die hohen Festtage und die großen Marienfeiertage wie Kirchenpatrozinien, die mit einer Wallfahrt begangen wurden.

Als kleinste Form der Wallfahrt haben sich bis heute die Bittgänge in fast allen Pfarreien erhalten, die am Markustag und an den drei Tagen vor Christi Himmelfahrt nicht nur durch die eigenen Fluren, sondern auch zu den Kirchen der Nachbarpfarreien unternommen werden.

Bis Ende der 1950er wurde an deren Beteiligung die Gläubigkeit der einzelnen Pfarreien gemessen.

Zu den Bittgängen zählten auch die Feldprozessionen. Darunter versteht man die Begehung der eigenen Fluren, wenn am Ostersonntag der Bauer mit seiner Familie und den Dienstboten schon vor Taganläuten auf seine Felder und taufrischen Wiesen ging. Dabei wurde der Rosenkranz gebetet.

Nicht selten kam es dabei vor, daß auch die Pferde mitgeführt wurden, die ein paar der bereits aus der Erde hervorspitzenden Schößlinge der Wintersaat probieren durften und dadurch vor Krankheit geschützt sein sollten.

Gewallfahrtet wurde oft auch wegen geringster Alltagssorgen, so etwa am Gertrudistag (17. März). Diese zumeist mit zwei Mäusen abgebildete Heilige sollte der Bäuerin in ihrem Kampf gegen die Mäuse- und Rattenplage beistehen.

Eine Wallfahrt soll auch das Wunder vollbracht haben, *„daß dem Schulmeister Georg Ertl zu Grafentraubach die Haare wiederumb gewachsen, nachdem er bei 9 Jahr kein Härl mehr auf dem Kopf hatte"*, wie das Mirakelbuch zur Wallfahrtskirche ‚Zum gekreuzigten Heiland‘ von Loh bei Stephansposching 1753 berichtet.

Der Benediktinerpater Otto Bitschnau hat in seinen ‚Christlichen Standesunterweisungen‘ 1904 den Wallfahrern bestätigt, daß sie *„losgelöst von dem Irdischen, hingezogen zum Göttlichen und Ewigen in echt christlicher Weise ihren zeitllichen Angelegenheiten regeln"*.

Ostbayerns Wallfahrts-Landschaft ist vielgestaltig. Es gibt fast keine Pfarrei, die nicht ein Wegkreuz, einen Bildstock, ein heilwasserspendendes Bründl, eine hölzerne oder gemauerte Kapelle oder eine Kirche mit einem heilenden, helfenden, tröstenden oder gar wunderwirkenden Andachtsbild oder -statue aufweist.

Im 17. und 18. Jahrhundert wuchsen oft kleinste Andachtsstätten aufgrund Tausender von Besuchern über sich hinaus; dank der Opfergelder konnten oft Kapellen zu Kirchen erweitert werden oder entstand für Ostbayern ty-

In der Wallfahrtskirche Mariahilf hoch über der Passauer Innstadt zeugt eine große Galerie von Votivbildern von wundersamen Heilungen und Errettung aus Not und Leid. Das Wallfahrtsmotiv ist dem Mariahilf-Gnadenbild der Madonna mit dem Kinde von Lukas Cranach d. Ä. (Kopie) nachempfunden.

pisch die Einheit Kirche und Kapelle im Nebeneinander, das zumeist in exponierter Lage oder an einer Quelle gelegen, die offen zutage sprudelte (Quellenmirakel!).

Wunderkräftige ,Bründl' gibt es u. a. bei der Kirche im einstigen Klosterort St. Oswald, bei Thurmansbang und am Brudersbrunn bei Grafenau. Vor allem Augenleiden sollten hier geheilt werden. Es kam auch zu Fällen, wo der alten Wallfahrtskapelle einfach ein Kirchengewölbe übergestülpt wurde, wie dies z. B. im Wallfahrtsort Sammarei geschehen ist.

In Ostbayern sind mehr als die Hälfte der Wallfahrten unter den Schutz Mariens gestellt. Neben dem Gnadenbild von Mariahilf in Passau mit einer Kopie des berühmten Innsbrucker Gnadenbildes von Lukas Cranach gelten die Marien-Pilgerstätte Kößlarn (1364), die Wallfahrt in Niedergottsau (um 1400) und Passau-St. Nikola (vor 1450) als die ältesten.

Jede der Wallfahrten hat natürlich ihre besondere Geschichte. So sollen in Kößlarn 1364 der Graf zu Ortenburg und sein Diener hier des Weges geritten sein. Als sie an den Bach kamen, versagte das Pferd seinen Dienst und war nicht mehr fortzubewegen. Der Diener sei schließlich auf die Idee gekommen, so erzählt die Legende, daß daran vielleicht ein

Ein Leonhardi-Umzug von Grafenau nach Einberg.

Kronwettzweiglein schuld sein könnte. Als sie schließlich zurückritten, fanden sie in einem Wacholderbuschen ein Bild Mariens mit dem Jesuskind, das bald wundertätig werden sollte. Als kurze Zeit später ein Bauer in der Umgebung krank wurde, ließ er sich hin zu diesem Muttergottesbild tragen, worauf er die Gesundheit wiedererlangte. Dies begründete schließlich den Ruhm dieser Andachtsstätte.

Als besonders bedeutende Wallfahrt gilt die von Sammarei bei Ortenburg, wo 1619 eine Holzkapelle und ein neben ihr stehender Apfelbaum ein Brandunglück unversehrt überstanden. Diese vom Brande unversehrte Kapelle ist bis heute hinter dem Altar der Wallfahrtskirche erhalten geblieben.

Auch die Wallfahrt Handlab bei Deggendorf weiß eine rührende Entstehungsgeschichte zu erzählen. So soll dort der eifersüchtige Ritter Hartlieb von Engelsberg seiner Gattin wegen eines Verdachts der Untreue die rechte Hand abgeschlagen haben. Doch als diese ausrief „Maria, Handl ab!", soll ihr augenblicklich die Hand wieder angewachsen sein. Diese Andachtsstätten sind wahre Fundgruben für religiöse Votivgaben.

Alljährlich zu Pfingsten zieht die Marienwallfahrt der Holzkirchner zum Bogenberg (begründet im Jahre 1475) Tausende von Wallfahrern wie Schaulustigen an. Die Holzkirchner schleppen auf ihrem 70 Kilometer langen Pilgerweg eine gleich zwölf Meter lange Kerze mit, um sie dann aufrecht den Bogenberg hinaufzutragen und sie dort zu opfern.

Weitum bekannt ist die Wallfahrt zu St. Hermann bei Bischofsmais alljährlich am 10. und 24. August. Hier haben sich nicht nur interessante Votivtafeln erhalten. Hunderte hölzerner Gliedmaßen wie Arme und Beine zeugen von wundertätiger Heilung. Doch der heilige ‚Hirmon' soll auch vielen heiratswilligen Frauen zu einem anständigen Mann verholfen haben, heißt es im Waldland.

Besonders stolz begangen werden die zahlreichen Leonhardi-Wallfahrten, so die nach Aigen am Inn, wo einst Fischer aus dem Inn ein hölzernes Abbild des hl. Leonhard fischten, dem schließlich eine Kirche erbaut wurde. Weil dieser Schutzheilige (6. November) im altbayerischen Raum bis zur Mitte des 20. Jahrhunderts der meistverehrte Volksheilige war, schmeichelte man ihm mit dem Namen ‚der bayerische Herrgott'.

Das katholische Landvolk verehrte ihn als Gefangenenbefreier, Geburtshelfer, rief ihn bei körperlichen Leiden an und verehrte ihn als Beschützer des Viehs. Ihm zu Ehren gebetet, geopfert und gefeiert wurde oft zwei Tage lang.

Bei den Leonhardiumritten waren mehrere hundert Pferde keine Seltenheit. Bei der Opferung der Eisenvotive umschritt eine endlose Schlange von Gläubigen oft mehrere Stunden lang den Altar.

In Aigen am Inn wie in den vielen anderen Leonhardi-Wallfahrten dürfte der Opfergang so abgelaufen sein, wie er um die Jahrhundertwende von Ganacker überliefert ist. *„An den Festtagen ist die sog. Leonhardstüre . . . geöffnet. Neben ihr steht eine für diesen Tag dort in die Nische gesetzte meterhohe Statue des Heiligen . . . Zu Füßen des Standbildes steht ein großer, von vier Füßen getragener Kasten und in diesem liegen in wirrem Durcheinander die eisernen Pferde und Kühe, sehr wenig andere Tiergestalten, Schweine und Kröten . . . Soviel Rössel und Kühe der Bauer daheim im Stall hat, soviel Eisenfiguren wählt er, legt*

sie in seinen Hut, schreitet dann durch die Sakristeitür in die Kirche, kniet vor dem Hochaltar und geht mit seinen Votivfiguren um den Altar herum. Dann wirft er Geld in den Opferstock und schüttet die Tiere klirrend wieder in eine Kiste."

Bedeutend war auch die Leonhardi-Wallfahrt nach Grongörgen, ins Pfarrdorf Schönau am Regen, zur 14-Nothelfer-Kirche in Sackenried bei Kötzting und zum Bergkirchlein Mariahilf bei Lam, um nur einige wenige Beispiele zu nennen.

Besonders beliebt waren als Opfergaben auch Wachsvotive, Wachsstöcke, hölzerne Gliedmaßen, aber auch hölzerne Lungen. Reichere Leute opferten Silbervotive. Das Begleitheft zur Sonderausstellung ‚O bayerischer Herrgott hilf – Bäuerliche Nöte im Spiegel des Eisenvotiv-Kultes', die 1990 und 1991 im Niederbayerischen Landwirtschaftsmuseum in Regen stattgefunden hat, hält fest:

„Im Volk wurden alle Opfer auch als ‚ex voto' bezeichnet. Geopfert wurde je nach Vermögen oder Schwere des Anliegens. Der Formenreichtum ist fast unerschöpflich. Er reicht von hölzernen, tönernen, eisernen, silbernen und bildmäßigen Darstellungen von Menschen, Körperteilen, Eingeweiden, Tieren, Häusern und Votivtafeln u. v. m. bis hin zu Naturalopfern wie Getreide, Flachs, Wachs, Tiere, Tuch, Schmuck, Arbeitsgeräten, persönliche Kleinodien aber auch Geld u. v. a."

Dreißig bis vierzig Tage im Jahr widmete der bäuerliche Mensch vor hundert Jahren noch dem Wallfahren.

Die religiöse Andacht war eng mit dem weltlichen Feiern und mit fröhlichen Lustbarkeiten, Jahrmarkt, Musik und Tanz verbunden, die selbst die längsten Fußmärsche lohnten.

Brauchtum als Kristallisationspunkt gemeinschaftlichen Lebens

Mit Pfingstl, Zachäus und ‚sprechenden Ochsen' durchs bäuerliche Jahr

Kirchliches und Weltliches, Christliches wie Heidnisches, Kulturelles wie Geselliges ist in Altbayern vor allem auf dem Lande seit jeher so eng verknüpft, so daß sich das eine vom andern oft nur schlecht unterscheiden läßt. Selbst die Teilnahme am Begräbnis eines Verstorbenen, eine ‚Leich', kann oft lustiger sein als eine Hochzeit.

Das, was im Physikatsbericht von 1860 von den Bezirksärzten gewissermaßen als kritischer Tatbestand an den König berichtet wurde, hat sich in manchen Dörfern bis in unsere Zeit herein zwar abgeschwächt und verändert, doch nicht gänzlich verloren.

„Wie überall so ist auch in der Holedau der Landmann geneigt und gewöhnt, die bedeutenderen Momente seines schlichten und profanen Alltags in Arbeit und Ruhe, Lust und Trauer gleichsam zu idealisieren und in eigenthümlicher Weise zu Feiern. Daraus sind Sitten und Gebräuche entstanden, welche größtenteils aus den Höchsten und Wichtigsten, seiner Religion hervorgegangen und auf diese sich beziehend, meistens auch deren häuslichen Gult (Kult) zur Grundlage und zum Anhalte haben. Da werden (ein Beispiel auch für den Lebenslauf

Dämonen der Pfingstnacht: die Wasservögel mit ihren farbenprächtigen Masken über hochaufragenden Hälsen.

86

eines Menschen) alle, die die Leiche beglei-
ten, eingeladen od. häufig gezwungen, den
Trunk mitzumachen, woselbst – da der
Trunk gratis geht – es viele Räusche absetzt.
Einerseits Trauer wegen der gestorbenen
und eben begrabenen Person, andererseits
nach ein bis zwei Stunden Jubel und
Rausch."

Um es vorweg zu sagen, dem bäuerlichen Brauchtums- und Festesreigen in
all seiner Vielfalt gerecht zu werden, ist
aus Platzgründen unmöglich. So kann es
nur ein kleiner Spaziergang sein, der die
Tür nur ein bißchen aufstößt.

Das alte Festjahr begann nicht am 1. Januar, sondern glich sich ans Kirchenjahr
und dessen Beginn mit den Adventsta-
gen an. Und da war der Namenstag von
Sankt Nikolaus gerade recht für einen
mildtätigen Auftakt.

Rechnungen des bischöflichen Rentam-
tes Passau aus dem 17. Jahrhundert beschreiben die Kleidung eines jungen
,Tagbischofs' , der mit seinem gleichalt-
rigen Gefolge durch Stadt und Land ritt
und milde Gaben verteilte. Auch die
Klöster verschenkten an diesem Tag Ni-
kolausspenden in Form von Broten an
die Armen.

Doch dann kam es ,geisterhaft blutig und
schrecklich', wenn am Namenstag der hl.
Lucia (12. Dezember) die von der Kinder-
welt gefürchtete böse Luzi umging. Die
Eltern jagten ihren unfolgsamen Kindern
einen gehörigen Schrecken ein, wenn sie
davon erzählten, daß die ,Luzi' frechen
und umherstreunenden Buben und Mädchen in der Dunkelheit den Bauch auf-
schlitzen würde. Das trug dieser
Lichterheiligen in Ostbayern auch den
Beinamen ,die bluadige Luzi' ein.

Nicht viel besser kam das Andenken an
den hl. Thomas weg, der in der Nacht
vor seinem Namenstag am 21. Dezember
ein mit Schweineblut besudeltes Bein
durch die gute Stube hereinstreckte und
vor den Fenstern der angsterfüllten Kinder einen blutbeschmierten Hammer
schwang.

Die Thomasnacht wie weitere zwölf
Nächte in der Vor- und Nachweih-
nachtszeit galten als Los- und Rauh-
nächte, an denen alle Hexen und bösen
Geister los sein sollten. Dazu zählten
auch der Hl. Abend, die Silvesternacht
und die Nacht vor Heiligdreikönig. Ein
besonders lukullisches Fest der bäuerlichen Bevölkerung war schon vor den
Weihnachtstagen fällig, wenn der ,Weih-
nachter', die Mettensau, geschlachtet
wurde. *„Weihnachten dea ma d'Sau*
schlacht'n/Lichtmessen hamas zama-
gfressn", riefen einst die Dorfbuben,
wenn vor Weihnachten das ganze Dorf
zu einem ,häuslichen Schlachtfest' wurde. Und daß in der Metten- wie Silvesternacht die Tiere im Stall zu reden
begannen, wenn man ihnen geweihtes
Brot reichte, war für die ländliche Bevölkerung ganz selbstverständlich.

Das Schenken zu Weihnachten wurde in
größerem Stile in Ostbayern erst später
als in den Städten üblich. Im Physikatsbericht von 1860 heißt es für die Gegend
um Mainburg: *„Christbaum und Weih-*
nachts=Bescherung, eine ursprünglich nord-
deutsche, bereits aber allgemeine Sitte der
Städte, besonders derjenigen mit protestan-
tischer Bevölkerung, und hier durch gegen-
seitige Geschenke der Ehegatten unter sich,
der Älteren an ihre Kinder und der Herr-
schaften an die Gesammt=Dienerschaft des
Hauses in wahrhaft luxuriöser Weise kulti-
viert, kennt man auf dem platten Lande auch
bei uns noch gar nicht; erst seit 8–9 Jahren
hat im Markte Mainburg der Berichterstat-
ter den mit Confituren, Obst & geputzten
und am Christabende beleuchteten Christ-
baum eingeführt."

Ein vergessener, dann wieder ab 1950
gepflegter Brauch des Neujahrsansin-
gens (ansonsten wird das neue Jahr allüberall von den örtlichen Blaskapellen
von Haus zu Haus angespielt) hat sich
in Waldmünchen in der Oberpfalz erhalten. Am Silvesterabend zieht in seinem
Trenck-Festspielkostüm ein Nachtwächter vom Bürgermeisterhaus zu weiteren
Honoratioren und singt das Lied:

„Das alte Jahr ist vergangen,
Ein neues woll'n wir anfangen,
Ich wünsch ein glückseliges,
freudenreiches, neues Jahr: Langes Leben,
gesunden Leib, Fried und Einigkeit,
Und alles,
was ein Nachtwächter wünschen kann.
So ruf ich an den heiligen Florian,
Daß er euch bewahr,
vor Feuersgefahr,
So ruf ich an den heiligen Sebastian,
Daß er euch bewahr
vor Pest und Krankheitsgefahr.
So ruf ich an den Sankt-Johannesseg'n
Daß er euch dieß Jahr
recht Glück möcht gebm.
Gelobt sei Jesus und Maria."

Früher wurde das ‚Neujahr' jedem Dorfbewohner von den Kindern ‚abgewunschen' oder auch ‚abgewonnen'. Die Hl. Drei Könige oder Sternsinger, die ihre Segenswünsche gegen Entgelt von Hof zu Hof trugen, rekrutierten sich einstmals mehr aus Erwachsenen als aus Kindern. Mit dem am Vortag in der Kirche geweihten Dreikönigswasser wurden Haus, Hof, Tier und Mensch besprengt und mit Weihrauch ‚ausgeräuchert'. Und damit Bauern und Gesinde im neuen Jahr ja nichts an Leib und Seele passierte, ließ man sich mit dem geweihten Weihrauch auch noch die Füße räuchern.

Die Bauernfeiertage gaben sich fast die Hand. Am Namenstag des hl. Sebastian (20. Januar) wurde diesem Heiligen in seiner Eigenschaft als Pest-, Schützen- und Mostheiliger gehuldigt. Am Tag ‚Pauli Bekehr' (25. Januar) ging der Bauer in seine Scheune, um nach den Futtervorräten zu sehen. Schlecht sah es aus, wenn mehr als die Hälfte davon schon verbraucht war, denn eigentlich mußte es nach dem Sprichwort gehen ‚Pauli Bekehr, halb hin, halb her'. Der Winter galt als nun zur Hälfte überwunden, so daß auch die Hälfte der im Herbst eingefahrenen Futtervorräte noch vorhanden sein sollten.

Der wichtigste Feiertag für die Dienstboten war einst der Lichtmeßtag (2. Februar). Das war nicht nur der Tag, an welchem es in vielen Orten die Wachsmärkte gab, in den Kirchen Wachslichter zu Hauf angezündet wurden, sondern auch die Dienstboten wechselten. Wie sich dieser Tag abgespielt hat, darüber ein Bericht von Martina Hager aus Osterhofen: *„Der Einstandstag (Lichtmeß-*
tag) war ein Bauernfeiertag und wurde auch
als ‚Schlankltag' bezeichnet. Urlaub gab es
keinen, dafür waren es im Jahr so viele Bau-
ernfeiertag, an denen nur das Allernotwen-
digste, und das war die Stallarbeit, getan
wurde", erzählte ihr die Osterhofnerin Therese Kröll. Vermittelt wurden die Arbeitskräfte entweder durch die ‚Verdingerin', bei der sich Bauern und Dienstboten meldeten, oder es – und das war meist der Fall – wurde unter sich geregelt.

Wer zum erstenmal bei einem Bauern ‚einstand', kam gerade von der Schule und war 13 Jahre alt. *„Damals gab es nur*
sieben Volksschulklassen und ich kann mich
noch gut daran erinnern, wenn auf den Hof
meines Vaters die Buben aus dem Bayeri-
schen Wald zu Fuß kamen und um Arbeit
nachfragten", erzählte Therese Kröll. *„Sie*
wurden mit Essen versorgt und wer am
schnellsten fertig war, wurde meist einge-
stellt, so nach dem Sprichwort ‚Wie beim
Essen, so bei der Arbeit'. Im Dienstboten-
buch wurde alles aufgezeichnet, auch wann
der Knecht oder die Magd eine Mark beka-
men und wieviel der Jahreslohn beträgt.
Auch dieser wurde meist nur am Lichtmeß-
tag ausbezahlt. Der Jahreslohn betrug für
eine gute Kraft 250 Mark. Am Lichtmeßtag
waren die Mannerleut auch verpflichtet, den
Weiberleut ein Wachsstöckl zu schenken als
Dank für das ‚Aufbetten' das ganze Jahr
über."

Die Faschingshochzeiten stehen bis in unsere heutige Zeit in der Oberpfalz wie in Niederbayern hoch im Kurs, in der Oberpfalz vor allem um Amberg-Sulzbach, Cham, Neumarkt, Schwandorf und Regensburg, in Niederbayern um Deggendorf, Dingolfing-Landau, Frey-

In der Oberpfalz wie in Niederbayern wird an Faschingssonntagen wie -dienstagen in vielen Ortschaften zu Faschingshochzeiten geladen.

ung-Grafenau, Kelheim, Landshut, Regen und Straubing-Bogen. Zum Gaudium der Bevölkerung wurde und wird hier zumeist auf einem Misthaufen eine Eheschließung zwischen einem kleinwüchsigen Mann (von einer Frau dargestellt) und einer Riesendame (ein Mann als Darsteller) mit all den üblichen Zeremonien einer Bauernhochzeit vollzogen.

Dem Fasching folgt die 40tägige Fastenzeit. Der Kirchenlehrer Johannes Chrysostomos schrieb im 4. Jahrhundert dazu: *„So hat uns der Herr die Arznei der Fastenzeit ersonnen, um die Wollust von uns fernzuhalten und damit wir die Sorgen, die wir gewöhnlich auf die Dinge des mate-* *riellen Lebens verwenden, einmal umlenken auf geistige Dinge."*

Zum Auftakt der Fastenzeit werden auch heute noch die Häupter der Gläubigen beim Meßbesuch am Aschermittwoch ,eingeäschert', was mit der Asche der Palmbuschen vom Vorjahr geschieht. Der Priester spricht dazu die Worte: *„Bedenk, o Mensch: Staub bist du und Staub wirst du wieder werden."* Die Aschenreste wurden einst von den Bauern mit nach Hause genommen und auf den Feldern verstreut, um dadurch die Fruchtbarkeit zu heben.

Auch das ,letzte alte Bier', das Starkbier, wurde während der Fastenzeit getrunken. Groß gefeiert wurde einst der Josephitag am 19. März. Wenn auch offiziell das letzte Mal 1912 als weltlicher Feiertag begangen, so galt er auch nach 1945 in vielen Teilen Bayerns noch als ein ‚Halbfeiertag'.

Ostern, das ist ein Festkreis für sich mit Palmgertentragen am Palmsonntag, dem Karfreitagsratschen, wenn die Glocken verstummen und nach ‚Rom geflogen' sind, der Auferstehungsfeier in der Osternacht, Speiseweihen am Ostersonntag, Osterritt (in Regen und Furth im Wald), den bunten Ostereiern und schmackhaften Osterlämmern und Osterzicklein. Besonders beeindruckend sind in Kößlarn das Palmbuschentragen unter Mitführung des Palmesels sowie an den Ostermontagen die Emausgänge in Waldkirchen und Lalling. Zu diesen Bittgängen wird am Ostermontag bereits vor Sonnenaufgang aufgebrochen. Vor allem Männer ziehen zu einer Kapelle, wo betend der Sonnenaufgang erwartet wird.

Ende April öffnen die Passauer Maidult und die Straubinger Frühjahrsdult ihre Pforten, gefolgt vom Waldmünchner Frühlingsfest und der Gerner Dult, um nur ein paar Beispiele zu nennen. Volksfeste werden von allen Städten und Märkten gefeiert. Als größtes Fest gilt natürlich das Gäubodenfest in Straubing Mitte August, das einem kleinen Oktoberfest gleichkommt.

Seit dem Jahre 1923 gibt es am Namenstag des hl. Georg (23. April) den Georgiritt von Aidenbach. An diesem Tag besprengte der Bauer einst in aller Frühe seine Felder mit dem Osterwasser und steckte die ‚Georgikreuze' auf die Fluren.

Wohl einer der volkstümlichsten Bräuche ist das Aufstellen eines Maibaums am Abend vor dem 1. Mai als Sinnbild des dörflichen Zusammenhalts. In vielen Ortschaften werden dazu auch Maitänze und Maibaumsteigen veranstaltet. Bei letzterem Wettbewerb erklettern junge Burschen barfüßig den entrindeten Baum, um sich dafür einen entsprechenden Preis zu holen.

Ein großer Spaß für Buben wie Mädchen ist das Palmgerten- und-buschentragen am Palmsonntag.

Vier Heilige sind vom naturverbundenen Bauern wie Obst- und Gemüsegärtner besonders gefürchtet; die drei ‚Eisheiligen' Pankraz, Servaz und Bonifaz (12., 13. und 14. Mai) und die ‚kalte Sophie', die am 15. Mai, ihrem Namenstag, oft noch ihr kaltes Regiment führt und ebenfalls mit gefährlichen Nachtfrösten das zerstören kann, was bis dahin bereits in voller Blüte steht.

Zu Pfingsten ist das Jahr wohl am reichsten an Brauchhandlungen. So wird vor allem in kleineren Orten der nördlichen Oberpfalz in der Nacht vor dem Pfingstsonntag eine riesige, mit Männerkleidung angetane Strohpuppe auf Hausdächer gesetzt, der ‚Pfingstl' genannt. Das kann vor allem jene Häuser treffen, in denen ein von den Dorfburschen verehrtes Mädchen wohnt. Einst

Als das Oktoberfest der Niederbayern gilt das Gäubodenfest in Straubing, zu dem auch ein prachtvoller Festzug durch die Agnes-Bernauer-Stadt gehört.

wurden damit auch als wenig arbeitsam bekannte Mägde verhöhnt.

Der Regensburger Volkskundler Josef Hofbauer schreibt in seinem Buch ‚Ostbayern' über den ‚Pfingstl' und ‚Wasservogel': *„Diese Doppelbezeichnung bezieht sich auf ein und denselben Brauch. Entscheidend ist, in welcher Gestalt die Hauptfigur auftritt. Den ‚Pfingstl' stellt ein Mann dar, der unter einer Strohverkleidung verdeckt wird, oder unter Birkenlaub und Tannengrün. Der ‚Wasservogel' sieht ähnlich aus, nur steckt sein Kopf in einer Vogelmaske mit langem Schnabel. Meist aber sind Wasservogel und Pfingstl im heutigen Brauchtum vereinigt. Auch diese beiden Figuren – zugehörig alten Fruchtbarkeitsriten – stehen in keinerlei Beziehung zum christlichen Pfingstfest; ihr Brauchtum fällt lediglich zeitlich mit ihm zusammen. Das Brauchtum ist im gesamten Bayerischen Wald verbreitet, wenn auch mit bestimmten Schwerpunkten, so besonders in der Chamer Gegend, im Raume von Grafenau und im Wegscheider Land östlich von Passau. Bekannt sind auch Wasservogelspiele von Baumgarten bei Pfarrkirchen in Niederbayern und von Wurmannsquick bei Eggenfelden. Die Ursprünge des Brauchs liegen in einem Kampfspiel des Sommers mit dem Winter."*

In Erinnerung an den vor 800 Jahren von einem Knecht in seiner Klause ermordeten Sankt Englmar – so der Volksglaube – wird im hochgelegenen Pfarrdorf Sankt Englmar alljährlich am Pfingstmontag das Englmari-Suchen lebendig.

In feierlichem Spiel wird alljährlich am Pfingstmontag diese Suche und Heimführung der Englmari-Statue mit einem Ochsengespann nachvollzogen.

Wie bereits im Kapitel ‚Wallfahrt' erwähnt, gilt die von einer 500jährigen Tradition geprägte pfingstliche Wallfahrt der Holzkirchner mit einer zwölf Meter langen Kerze zum Bogenberg als großes pfingstliches Brauchtum. Im Zeichen der Angst vor einem neuen Waldsterben und der Borkenkäfergefahr gewann gerade diese Wallfahrt in letzter Zeit eine neue Bedeutung. An die zehntausend Menschen nehmen daran alljährlich teil.

Jährlich über 600 berittene Wallfahrer zu Pferde werden ebenfalls am Pfingstmontag zum Kötztinger Pfingstritt nach Steinbühl erwartet. Auch dieser Umritt geht zurück auf eine Legende. Sie erzählt von einem Kötztinger Pfarrherrn, der im frühen 15. Jahrhundert zur nächtlichen Stunde zu einem sterbenden Bauern nach Steinbühl gerufen wurde, dabei aber von heidnischen Straßenräubern überfallen worden war. Als Dank für seine Errettung gelobte der Geistliche die Wallfahrt.

Farbenprächtige Ereignisse sind in Stadt und Land die Fronleichnamsprozessionen unter Beteiligung aller ortsansässigen Vereine und Verbände, wenn der Leib Christi in goldener Monstranz unter einem brokatenen Baldachin vom Priester durch Städte, Märkte und Dörfer getragen wird.

Die Sommersonnenwende steht unter dem Patronat von Johannes dem Täufer. Überall werden zwischen 21. und 24. Juni Höhenfeuer abgebrannt.

Für die Liebe eines jungen Paares galt der Sprung über das Sonnwendfeuer mit verschränkten Händen als Verlöbnisanzeige. Mißlang ein Sprung oder sengten sich die Kleider an, so wurde dies als unglückliches Vorzeichen gedeutet.

„Sunnawend, Sunnawend,
daß mi niats Feuer brennt,
daß ich bald z'heiratn kumm,
darum tanz i herum."

Daneben galt der Sprung von verheirateten Leuten als ein gutes Omen für Gesundheit und als Hoffnung auf eine reiche Ernte.

Am 24. Juni, also zu Johanni, galt es sich auch noch vor dem ‚Bilmesschneider' zu schützen, der abends während des Gebetläutens als dämonisches Wesen umging – so der Volksglaube. Dazu Fritz Kopp aus der Oberpfalz: *„Mit einer silbernen Sichel am linken Fuß durchschreitet er Korn- und Haferfelder diagonal, wobei er die Halme abschneidet. Was rechts von der Sichel steht, gedeiht weiterhin der Reife entgegen, aber das linke Dreieck gehört dem Bilmesschneider. Hier geht das Getreide zusammen, wie man sagt, die Ähren werden ‚taub', enthalten keine Körner. Nur das Stroh kann man verwenden. Der Bilmesschneider ist für gewöhnliche Menschen unsichtbar. Nur Quatember-Sonntagskinder können ihn sehen. Ein anderer Mensch kann ihn nur sehen, wenn er am 24. Juni vor Sonnenaufgang von einer Ecke des Ackers ein Stück Rasen aussticht und auf den Kopf legt – mit den Wurzeln nach oben. Denn auf diese Weise zaubert man sich ‚unter die Erde' und ist auch für den Bilmesschneider unsichtbar."*

Ein wichtiger Tag für den Bauern war schon immer der Siebenschläfertag, der 27. Juni. „Regnet's am Siebenschläfertag, es sieben Wochen regnen mag." Warum sich das Wetter gerade an diesem Tag für eine längere Periode festigt, ist ungeklärt. Die Meteorologen wissen, daß komplizierte Wechselwirkungen zwischen jahreszeitlichem Sonnenstand, schwankenden Wassertemperaturen der Meere und sich verändernden Meeresströmungen eine Rolle spielen.

Juli und August sind in Bayern wie in der gesamten Bundesrepublik die Monate der großen Volksfeste. Sie ziehen alljährlich 170 Millionen Besucher an, die für Volksfestvergnügen bundesweit über 1,2 Milliarden Mark ausgeben.

Der Bauer von einst hatte aber zur Haupterntezeit wenig Zeit zum Feiern, weshalb auch der Tanz verboten war. Als einer der größten Bauernfeiertage galt und gilt auch heute noch der 15. August, also Mariä Himmelfahrt. Bekannt ist dieser Festtag auch unter dem Namen ‚großer Frauentag‘ oder ‚Kräuterfrauentag‘, denn beim Kirchgang weiht der Priester die mitgebrachten, schmuckvoll gebundenen Kräuter- und Gewürzbüschel. In der Hallertau wurden an die 77 verschiedene Heilkräuter zu einem Büschel gebunden.

Das sommerliche Festefeiern fand mit dem Bartholomäustag (24. August) langsam seinen Ausklang, wenn die Ernte größtenteils schon eingebracht war. Am Laurentiustag (10. August) wie am Bartholomäustag ist in Bischofsmais im Bayerischen Wald ein Stelldichein von Trachtlern und Wallfahrern geboten. Nach dem Festgottesdienst ist zur ‚Hirmanskirwa‘ eingeladen. Gedacht wird dabei eines im Jahre 1326 gestorbenen Laienbruders vom Kloster Niederaltaich, der hier einst lebte. Vor allem für ledige Mädchen war dies eine sehr wichtige Wallfahrt, erfuhren sie doch beim ‚Hirmonhopsen‘, die Figur des Heiligen mußte dabei mit beiden Händen ‚geschubst‘ werden, ob sie nun in den kommenden Monaten einen Hochzeiter bekommen würden oder nicht. Denn ‚nickte‘ der hölzerne Heilige mit dem Kopf, so war man einer baldigen Heirat gewiß.

Weitere bäuerliche Feste als Übergang zum Herbst wurden am ‚kleinen Frauentag‘ (8. September) als Erntedank und zu Micheli (29. September) begangen. Am letzteren Festtag wurden auch die Spinnräder in die Stube geholt und die Obsternte begonnen.

Der Jerichoer Zöllner Zachäus aus der Bibel muß dafür herhalten, daß in Bayern nur dann das Kirchweihfest eingeläutet werden kann, wenn die rotweiße Kirchweihfahne, auch ‚Zachäus‘ genannt, aus einem der Glockenfenster vom Kirchturm grüßt.

Die Festlegung des Kirchweihsonntags auf den dritten Sonntag im Oktober glich im Jahre 1868 einem Niedergang der gewohnten Vergnügungen für Bauern wie Knecht. Sie feierten nämlich zu-

vor nicht nur das Fest der eigenen Kirchweih mit einem dreitägigen Umtrunk, sondern auch die der Nachbarpfarreien mit, worunter natürlich die Arbeit in Haus, Hof und Feld litt.

Der Kirchweihmontag galt als so ‚heilig‘, daß ihn später dann sogar die von den Bauern oft geringschätzig als ‚Brotbeutelhupfer‘ eingestuften Steinhauer und Handwerksgesellen bereitwillig als Tag zum ‚Blaumachen‘ anektierten. Solange der ‚Zachäus‘ am Kirchturm wehte, war an kein Ende zu denken. Am Kirchweihfest kauften die Knechte den von ihnen verehrten Mägden Seidentüchel. Nach der Meßfeier in der Pfarrkirche ging's dann sogleich den ganzen Tag lang ans Tanzen und Zechen bei Blasmusik.

Der ‚bayerische Herrgott‘ Sankt Leonhard wurde mit Leonhardiritten am 6. November verehrt, nachdem am 1. und 2. November (Allerheiligen und Allerseelen) der Toten gedacht und für sie in der Kirche wie am Friedhof gebetet wurde. Auch heute noch gleichen die Straßen Ostbayerns am Allerheiligentag einer Völkerwanderung, da viele der von ihren Heimatorten längst entfernt lebenden Kinder und Enkel zu den Gräbern ihrer Vorfahren reisen.

Am Vorabend und am Martini-Tag (11. November) selbst lebt entlang des bayerisch-böhmischen Grenzgebirges altes Hirtenbrauchtum auf. An diesem Tag ging einst das Weidejahr in den hochgelegenen Schachten zu Ende; die Entlohnung des Gemeindehirten wie der Hüterbuben durch den Bauern war fällig. Die Zäune wurden aufgelassen und damit war der ‚Wolf los‘, der das Jahr über die Herden bedrängte. Vor allem im Landkreis Regen, aber auch in der Oberpfalz erinnern auch heute noch die Wolfauslasser mit riesigen Glocken, Peitschenknallen und Aufsagen des Hirtenspruchs an die Tätigkeit der Waldhirten.

Der Bäuerin wurde eine mit Tannengrün geschmückte Gerte übergeben, die den Winter über im Stall aufbewahrt wurde. Überaus unterschiedlich waren die Dan-

kes- und Segenssprüche. Aus der Oberpfalz ist folgender Spruch überliefert:

Es kommt der hl. Märtes
Mit seiner Gertes,
Er bringt uns den blassen Myrtenzwei'(g),
Wir brauchen Futter und Heu.

Er bringt uns grüne und weiße
Krammetsbier,
Es werden stallen all die Ochsen und Küah.
Der Winter steht jetzt vor der Tür,
Wir müssen jetzt geben
Heu und Futter für.

Man nimmt des heiligen Märten
Seine Gerten.
Man legt's auf den Kuhbarr'n,
So wird aufs Jahr kein Vieh verlor'n.

Kathrein stellte schließlich dann nicht
nur den Tanz, sondern alle Festlichkeiten ein. Die stille Zeit, der Advent, mit
morgendlichem Roratebesuch in den
Kirchen folgte. Am Andreastag (30. November) fanden in vielen Gegenden Ostbayerns die letzten Jahrmärkte statt.

Kartoffelfeuer als ,Rauchzeichen' des zu Ende gehenden Erntejahres.

94

Von ‚schwarzgefärbten Bocksfellen' zum Trachtensmoking

Als es in der Stadt anstatt Konfektions- und Modehäuser nur den Tuchhändler gab, auf dem Lande den von Hof zu Hof hausierenden Kraxenträger, der Textilien feilbot, konnten Bäuerin und Bauer nicht so einfach in das Bayern-Klischee mit graugrünem oder graubraunem Loden, Haferlschuhen und oben drauf den unverzichtbaren Hut – möglichst noch mit Gams- oder Saubart – gesteckt werden. Denn die Mode dieser Zeit bestimmten in erster Linie die Störschneider und deren Schnittbögen. Die Kleidung zeigte sich von Traditionen geprägt, war nicht einer sich jährlich, ja jahreszeitlich wandelnden Mode unterworfen. Ein und dieselbe Tracht hielt oft nicht nur ein Leben lang, sondern manchmal sogar Generationen.

Waldlerinnen, das Bild entstand um 1940, trugen ihr keinesfalls in Weiß gehaltenes Hochzeitskleid bis zu ihrem Tode. In diesem Festtagskleid wurden sie auch aufgebahrt und zur letzten Ruhe gebettet.

Alte Fotos beweisen es, daß selbst bis in die Zeit vor dem Zweiten Weltkrieg Bauersfrauen mit jenem ‚guten Gwand' zur letzten Ruhe gebettet wurden, das ihnen schon zur Hochzeit als Aussteuer mit auf den Weg gegeben wurde. Das Hochzeitskleid in Weiß ist eine Erfindung der Neuzeit.

In den ‚Statistischen Aufschlüssen über das Herzogtum Baiern' hielt Josef von Hazzi (1768–1845) über die Kleidersitten des ostbayerischen Vorwaldes fest: *„Nur einzelne wohlhabende Bauersleut hatten für besondere Feierlichkeiten eine bessere Kleidung, die aber vom Hochzeitstag an bis auf die Sterbestunde aushalten mußte. Jetzt zeichnen sich die jungverheiratheten Personen beiderlei Geschlechts durch bessere Kleidung besonders aus. Zum Rock und Leibstückel werden nur gewöhnliche böhmische Tücher angekauft; der Hosenträger muß breit und scheinbar von Seide seyn, so wie auch das Halstuch und die Borden oder Schnüre um den Hut, welche Zierrath auch oft ganz von Gold ist. Zu den Beinkleidern verwendet man schwarz gefärbte Kalbs- und Bocksfelle und trägt über schafwollene – im Winter über feine schafwollne Strümpfe sauber gearbeitete Stiefel oder Schnürschuhe."*

Nicht üblich war es in früheren Zeiten, daß von den Männern ebenso wie von den Frauen Mäntel getragen wurden, selbst im Winter nicht. Die Knechte, vor allem aber jene, die im Winter mit schwerer Holzarbeit beschäftigt waren, schützten sich durch einen Überwurf aus schwerem Stoff vor Wind und Wetter. Die Kleidung von Herrn und Gesinde unterschied sich im wesentlichen dadurch, daß sich die Knechte, Häusler und Burschen mit kurzen Gehröcken begnügen mußten, während die Bauern zur langen Bundhose einen langen Rock trugen.

Der Heimatkundler Robert Link schrieb zur Tracht der Oberpfälzer und Bayerwäldler:

Prachtvoll bestickte Goldhauben (dieses Exponat ist im Grafenauer Stadtmuseum zu sehen) können auch heutzutage noch bei festlichen Umzügen, so zum Beispiel in Passau, als Kopfbedeckung traditionsbewußter Frauen bewundert werden.

„Rangunterschiede kamen auch noch durch den Wert des Stoffes für Weste, ob Seide oder Samt, und durch die Stickerei aus Gold- und Silberfäden zum Ausdruck, ebenso durch die Breite der Hutkrempe, die Zahl der Schnüre und der Goldquasten. Zur Zeit der Grundherrschaft war es den Bauern bei Strafe verboten, an den Röcken Hirschhornknöpfe zu tragen. An der Zahl der Silberknöpfe an Weste und Rock unterschieden sich die Bauern, Unselbständige und andere einfache Leute voneinander. Zur vollständigen Bekleidung der Bauern außerhalb der Arbeitszeit gehörte

die ‚Geldkatze', ein breiter mit Pfauenfederstickerei versehener Gürtel mit Deckplatte. Der Frauentracht aller Stände war die weiße Bluse gemeinsam. Bäuerin und Magd unterschieden sich darin nicht voneinader. Größere Unterschiede bestanden aber in Form, Farbe und Ausstattung des Mieders, der Schürze und der Haube. Im Sonntagsstaat kehrte die Bäuerin ihren ganzen Stolz mit Gold- und Silberschnüren und schön ziselierten Filigranknöpfen an den aus kostbaren Stoffen gefertigten Kleidern heraus. In der Arbeitskleidung hingegen gab es zwischen Bäuerin und Magd keine Unterschiede, weder in der Machart noch im verarbeiteten Material, das aus Leinen bestand."

Nicht immer gefiel es der Obrigkeit, wie sich das Volk kleidete, zumal bereits um die Mitte des vorigen Jahrhunderts manche ‚Mode‘ der Landbevölkerung als geradezu gesundheitsschädlich von den Bezirksärzten beurteilt wurde. So wetterten sie gegen die Feiertagsstiefel der Männer, *„deren Kappen oder Schäfte bis über die Waden hinauf reichen und hier nicht selten durch Druck und Hemmung der freien Blut-Cirkulation und variköse Anschwellungen verursachen"*, oder gegen die Kopftücher von Bäuerin und Magd, die *„die ungeordneten und meist hexenartig verwirrten Haare verstecken, was dem Wachstum derselben wenig förderlich ist, die Ausdünstung hemmt und bei jüngeren Mädchen leicht Ungeziefer und Ausschläge begünstigt"*.

Die Kritik der Ärzte galt auch dem unvermeidlichen Mieder, das nicht gerade das Stillen förderte, weil hierdurch *„die Warze eingedrückt und zum Stillen nicht mehr geeignet macht, während in späteren Jahren die heruntergedrängte Brust häßlich hängt"*, wie es im Physikatsbericht für das Land um Landshut, Rottenburg und Vilsbiburg heißt.

Auffällig unterschied sich einst die Kleidung der Menschen, die an der Donau wohnten, von jener, die die Waldler trugen. Denn:

„Was die jetzige Kleidung des Wäldervolkes betrifft, so ist sie nicht auszeichnend, obwohl man den Waldler von dem Bewohner des Flachlandes auf den ersten Blick durch die Kleidung unterscheidet. Die unterscheidende Eigenschaft besteht in der Einfachheit der Waldlertracht. Der Waldler hat weder Unterhose noch Unterjacke, sondern arbeitet in seinem Leinengewand in der Scheune und im Walde selbst bei großer Kälte. Nur bei sehr hohen Kältegraden zieht er unter der Werktagshose noch die leinene oder baumwollene Sonntagshose an", so das Ergebnis der Untersuchungen nach den Physikatsberichten um die Mitte des vorigen Jahrhunderts.

In den wohlhabenderen Gegenden war bereits um diese Zeit der Einfluß der Mode ‚nach französischem Schnitt‘ zu spüren. Dennoch aber waren die Goldhauben, die immerhin an die 50 Gulden kosteten, oft der ganze Stolz von Bäuerinnen wie Bürgersfrauen. Bei größeren historischen Festlichkeiten glänzen heute wieder Frauen und Mädchen mit alten oder nach alten Mustern gearbeiteten Riegelhauben. In einigen Städten gibt es sogar Vereine, die sich in besonderer Weise um die Pflege der Goldhauben annehmen, so zum Beispiel in Passau. Die Passauer Goldhauben-Frauen treten damit auch international auf.

Am Kopfschmuck konnte man bei so mancher Tracht erkennen, ob darunter eine Jungfrau einherschritt. *„Eine besondere Eigenart bildeten im Gäuboden die Abzeichen der Jungfrauen und Bräute. Diese Jungfernkronen sind schwarz, mit Goldflindern (Flinserln) verziert, zylindrisch, mit der Neigung zur Modiusform (auf der schmalen Fläche stehender Kegelstumpf). Insofern unterscheidet sich die Grundform von den ihnen zeitlich vorangehenden, kegelstumpfförmigen Mützen der Verheirateten, die mit dem breiten Rand auf dem Kopf saßen. . . Die Männertracht bewahrte bis zum Schluß ihrer Entwicklung in Umriß und Farbe weitgehend Unabhängigkeit von der Stadtmode. Nach dem kultur- und geistesgeschichtlich bedingten Einbruch spanischer Modeformen ringt sie sich am Anfang des 18. Jahrhunderts zu einer schmucklosen Selbständigkeit durch, die mit der zunehmenden innern und äußeren Befreiung des Bauernstandes am Ende des 18. Jahrhunderts und am Anfang des 19. Jahrhunderts zu stolzer Eigenart aufblüht"*, beurteilt Oskar Ritter von Zaborsky-Wahlstätten die Entwicklung der Gäuboden-Tracht bis hin zu den Jahren vor dem Zweiten Weltkrieg.

Zum Jungfernkronenschmuck ist anzumerken, daß dieser in ähnlichen Formen in vielen Regionen Deutschlands vertreten war. Allein im niederbayerischen

Trachtengruppe im Museumsdorf Bayerischer Wald.

Rottal aber war er unter dem Namen ‚Krauthaferl' bekannt.

Nach dem Zweiten Weltkrieg setzten sich, was die Mode betrifft, auf dem Lande immer mehr städtische Bekleidungsgewohnheiten durch. Teils kritiklos wurden von der bäuerlichen Bevölkerung Kleider übernommen, die in den Städten bereits als Ladenhüter galten. Die Maßschneidereien, die es bis Ende der fünfziger Jahre noch in jedem Dorf gab, verloren durch preisgünstigere, in-dustriell gefertigte Massenkonfektion immer mehr an wirtschaftlichem Boden. Althergebrachtes wurde mit leichtem Spott als ‚Bauerngeschmack' abgetan und der Trachtenanzug als Nachfolger der bäuerlichen Tracht als ‚Jagergwandl' oder ‚Raiffeisen-Look' abgestempelt. Der Lodenstoff galt vorzugsweise nur mehr der Jägerschaft als ‚Uniform'. *„Die Abzeichenfunktion der Regionaltrachten hing eng mit der agrarischen Welt zusammen, mit deren Wertvorstellungen, dem Dorf und seiner in-*

neren Schichtung. *Die hier herrschenden Hierarchien, religiösen Bräuche und sozialen Beziehungen wurden mit den Zeichen der Kleidung ausgedrückt und in einem nonverbalen Kommunikationsprozeß den Insidern, den Dorf-Kompetenten vermittelt. Wo der Reisende nur äußerlich das pittoreske Bild ländlicher Trachtenpracht genoß, konnte sich der Wissende an vielen Einzelheiten über die Lebenszusammenhänge der Dorffamilie informieren"*, so Kulturwissenschaftlerin Ingeborg Weber-Kellermann beim Volkskundekongreß 1981 in Regensburg.

Die alte Tracht wurde in der Nachkriegszeit immer mehr zum ,Pflegefall' von Volkstrachten- und Schützenvereinen, Blaskapellen, Spielmannszügen etc. Wenn man sich auch in erster Linie wegen eines Zuschusses vor dem Gang zum Schneider beim Heimatpfleger Rat holte, so taten viele aber schließlich dann einfach das, was ihnen gefiel. Ganz gleich ob Gamsbart oder Adlerflaum hier heimisch waren, zur Phantasieuniform paßten sie allemal! Immer schon liebäugelten die oberpfälzischen und niederbayerischen Heimatvereine trotz ihres Wahlspruchs ,Sitt und Tracht der Alten wollen wir erhalten' mit der Gebirgstrachtenlandschaft.

So hatte sich auch der erste, im Jahre 1898 in der Oberpfalz gegründete Trachtenverein für die Pflege einer Gebirgstracht entschieden, obwohl sich bis heute punktuell in der westlichen Oberpfalz alte Kleidersitten erhalten haben. Das vor allem bei der Arbeitskleidung der Frauen: ein weißes Kopftuch wird dort zu einfachem Kleid mit Blaudruck getragen.

Im Jahre 1969 wurde vom Bezirksheimatpfleger der Oberpfalz, Dr. Adolf J. Eichenseer, der Wunsch der Trachtenvereine gefördert, von der Gebirgstracht auf eine bodenständige Volkstracht umzusteigen. Doch das war nicht einfach, fehlten doch weitgehend bildliche Unterlagen. Am ausgeprägtesten für das Trachtentragen in der Oberpfalz waren die Jahre 1780 bis 1850. Hundert Jahre

später war dieser Gedanke fast völlig ausgestorben.

Die Trachtenerneuerung bekam erst mit dem Beginn der 70er Jahre wieder Aufwind, der Zeit, als der Heimatgedanke mit all den bekannten Phänomenen wieder einmal zu boomen begann. Dennoch gab es Anlaufschwierigkeiten. Dr. Adolf Eichenseer erinnert sich:

„Neben den mehr ideologischen Schwierigkeiten war der krasse Mangel an geeigneten Trachtenschneidern und -schneiderinnen zu beklagen, mit deren Hilfe man die Wünsche und Vorschläge in die Tat umsetzen konnte. Im Laufe der Zeit haben sich auch interessierte Schneidermeisterinnen an die Oberpfälzer Tracht gewagt."

Und im Mai 1988 konnte der Bezirksheimatpfleger schließlich feststellen: *„Die Forderung nach Oberpfälzer Trachtenanzügen und Dirndln, die sich von der gängigen Trachtenmode abheben sollen, wächst zunehmend, so daß eine Maßkonfektion die Produktion Oberpfälzer Trachtenanzüge 1988 übernommen hat. Somit unterscheidet sich die Oberpfalz heute kaum noch von anderen traditionellen Trachtenlandschaften in Bayern und Österreich."*

Seiner Meinung nach sollten erneuerte Trachten im Gegensatz zur Trachtenmode folgende charakteristische Merkmale aus ehemaligen, bodenständigen, meist bäuerlichen, doch ebenso bürgerlichen Trachten übernehmen:

„Als typische Merkmale gelten Form, Farben, Schnitt, Stoffart und handwerklich richtige Verarbeitung. Im Sinne lebendiger Trachtenpflege und -erhaltung sowie Weitergestaltung regionaler Kultur sollen diese erneuerten Trachten über ihre Funktion als gemeinsames Kleid eines Vereins hinaus in unsere Gegenwart passen und auf allen möglichen Ebenen des gesellschaftlichen Lebens zur Geltung kommen."

Inwieweit der erneuerte Oberpfälzer Trachtenanzug von der Stange dabei im Zeitalter der High-Tech-Industrie, des internationalen Waren- und Informationsaustausches sowie des regionalübergreifenden Massengeschmacks bei

Kleidung, Nahrung, Musik und Wertorientierung zur Förderung regionaler Kultur beitragen kann, sei dahingestellt. Interessant in der Modegeschichte für Altbayern ist es, daß die Tracht oder alles, was man darunter verstand, erst dann wieder auf dem Lande modern wurde, als die Städter ihre Liebe dafür entdeckten. Ende der 70er Jahre wurde es für den Städter chic, in nachempfundenen Trachten den Weg zum Traualtar anzutreten – mit Biedermeiersträußchen in den Händen und stolz getragenem Trachtenhut für den Bräutigam. Diese Hochzeitskleidung wurde dann auch zu vielen anderen Gelegenheiten im Jahreslauf getragen. Die Schnitte wurden immer mehr vereinfacht, die Stoffe dafür um so edler. Das waren auch jene Jahre, als die Bauernmöbel und der Trend zum Selbermachen gemäß dem Motto ‚Zurück zur Natur!' eine Renaissance wie nie zuvor erlebten. Trachtenstuben schossen allüberall wie Pilze aus dem Boden, und auch die ‚gute alte Lederhose' feierte fröhliche Urständ.

‚Liebe vergeht, Hektar besteht' –
Heiraten in früheren Zeiten

Um es gleich vorneweg zu sagen: Im heutigen Sprachgebrauch versteht man unter Bauernhochzeit nicht unbedingt mehr die Hochzeit von Bauern. Nein! Auch Arbeiter, Angestellte und Beamte ziehen sich heutzutage an diesem ihrem wohl wichtigsten Tag im Leben diesen Rock an.

Daß dabei das äußerliche Bild mit Trachtendirndl, Blasmusik und Hochzeitslader in uriger Wirtshaus- und Tanzbodenatmosphäre im profanen Bereich und im kirchlichen die feierliche Vermählung in der Pfarrkirche mit der Aufführung von Bauern- und Waldlermessen gehören, gilt als selbstverständlich. Zustimmen mußten bis ins 19. Jahrhundert bei Ehen nicht nur die Eltern der Brautleute, sondern auch der Grundherr. Dieses Recht war für ihn

Brautpaar, Bayerischer Wald, um 1910.

oft auch ein Druckmittel zum Fleißansporn gegenüber seinen Untertanen, die bei der Eheschließung auf den ‚allergnädigsten Consens' angewiesen waren. Das garantierte, daß nur ‚standesgemäß' geheiratet wurde. Der Eintritt in den Ehestand war nur in den seltensten Fällen in erster Linie von Liebe und Zuneigung abhängig. Vielmehr spielten soziale und gesellschaftliche Aspekte die Hauptrolle. Mit anderen Worten: Grundbuchauszüge und Sparguthaben entschieden.

Was heute überaus ‚modern' ist, einen Heiratsvertrag vor dem Notar zu schließen, war im 17. wie 18. Jahrhundert fast unumgänglich. Der ‚Heiratsbrief' entschied nicht nur über die Heirat selbst, sondern auch über das ordnungsgemäße Zusammenbringen von Hab und Gut. Vor dem gräflichen Hofmarkgericht auf der Englburg bei Tittling/Bayerischer Wald wurde 1808 die Ehe geschlossen und *„verbrieft"* zwischen dem *„ehrbaren Johann Georg Gsödl Englburg Unterthann-Müller und Innhaber eines ¹/₂ Guts zu Rodau, Bräutigam an Einer, dann der tugendsamen Sophia des Mathias Straifinger Fürstenstein Unterthan und ¹/₂ Bauer zu Hohenwarth und Maria deßen Eheweib ehelich erzeugten Tochter Brauth am anderen Theil mit Beistandsleistung ihres Vaters"*.

Obenan stand dann bei diesem Vertrag, was die Braut und ihr Vater an Heiratsgut einzubringen hatten: *„In Geld baar Aechthundert Gulden besönders noch eine standesmäßige Ausfertigung bestehend in einen gerichten Holz- und Federbett, gesperrten Kasten und Truhen, eine Kuh und Jungrind, 10 Stück Zimmerbaum"*, so geht aus den Büchern des ehemaligen gräflichen Hofmarkgerichts der Englburg hervor.

Größer war das Heiratsgut (nach Josef Schlicht ‚Bayerisches Land und Bayerisches Volk', München 1875) bei einer Großbauernstochter aus dem Donautal, die im Jahre 1874 folgendes Hab und Gut in die Ehe einbrachte: *„Drei Betten mit hoch schwellendem Flaum und einem Dut-*

zend Überzügen, halb aus schönstem Pers, halb aus feinstem Linnen; zwei prachtvoll maserierte Kleiderkästen; ein Kanapee mit geblümten Stoff überzogen; sechs gepolsterte Sessel; ein Glaskasten mit Tapetenwand; zwei Kommoden; zwei gestickte Fußschemel; ein kunstvoll ausgeschmücktes Spinnrad, ein Spiegel in Goldrahmen; drei Dutzend gediegene Strümpfe und noch mehr Taschentücher; fünfzehn wie nagelneue vollständige Anzüge, jeder aus Jacke, Rock und Schürze bestehend, alle der Reihe nach aufgehängt an der Kleiderrahme, fünfundzwanzig paar Schuhe und Pantoffel, darunter glitzernde Brautstiefletten, mit der die Hochzeiterin ihren Brauttanz machen wird, sechs Unterröcke usw."

Dazu gab's noch eine Vielzahl an Geschirr, Schmuck, Gebetbüchern, Rosenkränzen und dergleichen mehr. An dieser Kammerwagenausstattung haben vier Wochen lang vier Näherinnen gearbeitet.

Noch genauer notiert wurde 1893 im Aufschreibkalender des Bauern Franz Wühr von Hofern bei Kötzting das, was er seiner Tochter mitgab in eine Ehe, die damals mehr unter dem Motto ‚Liebe vergeht, Hektar besteht' stand.

„Die Braut bringt dem Hochzeiter ein Heiratsgut in die Ehe zu 3000 Mark, nebst eine Kuh samt Einrichtung. Dann Ring 30 Mark 90 Pfennig, Halstuch 1 Mark 50 Pfennig, Kopftüchl 15 Mark, Brautrock 18 Mark, ein Schalk 13 Mark 50 Pfennig, Wein-Gläser 15 Mark, 8 Stück halbe Gläser a 1 Mark 30 Pfennig, Herrgott 2 Mark 20 Pfennig, Krug 80 Pfennig.

Dem Binder bezahlt: 2 Hirgstmil Kiebel, 2 Brotzuber, 2 kleine Ziebel, 2 Eimer, 1 große Gelte, Suma 22 Mark 60 Pfennig. Dem Drechsel bezahlt: 1 Haspel, 1 Spinrad samt Rogen, 2 Salzbichsel, 1 Erdepfel Stesser, 1 Kar zu 1 Mark 60 Pfennig."

Und dann folgen noch die Ausgaben für den Schreiner, die Näherin, den Hochzeitslader und den Wirt. *„Alles in allem zahlte der Brautvater 527 Mark und 35 Pfennig für die Hochzeitfeier und die Aussteuer."*

In der Regel war in diesen Heiratsbriefen auch vereinbart worden, daß, starb der verheiratete Sohn oder auch die Tochter ohne erbberechtigte Nachkommenschaft, so erhielten Schwiegertochter bzw. Schwiegersohn ihr Eingebrachtes, in vielen Fällen aber nur mehr ein Drittel davon, zurückbezahlt und ‚es wurde ihnen die Tür gewiesen'.

Die Ehe selbst war für die Frauen von damals oft alles andere als das Glück auf Erden. Bis zur Einführung des Bürgerlichen Gesetzbuches zum 1. Januar 1900 galt noch immer das alte Bayerische Landrecht, das den Ehemännern jederzeit erlaubte, ‚die Ehefrau nötigenfalls mit Mäßigkeit zu züchtigen'. Fr. v. Schönwerth bestätigte dies in seinen ‚Sitten und Sagen' aus der Oberpfalz im Jahre 1857 mit dem Hinweis: *„. . . daß ein Bauer sein Weib als sein Eigentum schlagen darf, ohne sich andere Leite (Leute) einmischen sollen".*

Die Ehemänner überschritten häufig ihre verurteilenswerten, aber vom Gesetzgeber festgelegten Rechte. In der Chronik des ältesten Volksschulgebäudes Deutschlands, das heute im Museumsdorf am Dreiburgensee steht, ist ein Gerichtsurteil des Rates von Simbach bei Landau aus dem Jahre 1683 erhalten, das besagt: *„Übermäßiges Drosseln und Schlagen. Michael Loipertinger, Bürger und Cramer, hat sein Weib gar zu grob gedrosselt und geschlagen. Weswegen selbiger im Stock gebüßt worden. 3 Stundt."*

Doch es wäre ungerecht, das frühere Liebeswerben ganz und gar als unromantisch zu verteufeln. Auch auf dem Lande war das Liebesbriefschreiben sehr wohl in Mode, selbst wenn dies oft nicht von eigener Hand geschah, sondern ein Lehrer oder Bader hier die Feder führte. Die Liebesbriefe waren mit einer Vielzahl von Ornamenten und Liebeszeichen verziert und wurden vor dem Überbringen wie Servietten gefaltet. In einem Bauernschrank bei Tittling aus dem Jahre 1810 fand sich ein Brief mit folgender Beteuerung:

Zur Winterszeit wurde der Kammerwagen auch mit dem Zugschlitten vom Elternhaus der Braut zum Hof des Bräutigams gefahren.

Gerne gäb ich was dir nur gefällt.
Gerne brächt ich dir die halbe Welt.
Doch lieber Gott Sie ist nicht mein
Mein gutes Herz sey allein dein.

Das Klischee der Altbayern wurde gerade in den Zeiten der aufkommenden Massenmedien mit ‚krachledernen‘ Darstellungen von Kammerfenster-Abenteuern geprägt, denn das war ein Liebeswerben, um das der Fremde die kraftvollen Burschen oft neidvoll bewunderte. Auf diese Art und Weise kam selbst so mancher ‚Stoderer‘ ebenfalls zu einer Hübschen vom Lande. Freilich mußten sie dafür das ‚Scheiteln‘ (Bewerfen mit Holzscheiten) durch die Dorfburschen in Kauf nehmen, die ‚ihre‘ Mädchen wie ihren Augapfel hüteten.

In zeitgenössischen Beschreibungen war das Kammerfenster zu keiner Zeit vergessen. Bereits Hans Sachs schrieb von Leuten, die ‚zu nacht gefenstert het‘. Der Physikatsbericht über das Wegscheider Land weiß 1860 über das Kammerfensterln zu berichten:

„Das Gehen zum Kammerfenster ist stark im Schwunge; es geht Einer allein oder es gehen mehrere Kameraden miteinander. Ein ordentlicher Bursch geht am Freitag und Samstag nicht zu den 'Menschern'. Am Freitag geht der Schmerbettler, um sich die Stiefel zu schmieren, am Samstag der Lausige, um sich für den Sonntag von seiner Liebsten kämmen zu lassen. Wenn ein Kunt (gemeint der um Liebe werbende Bursch) einem Mädchen verspricht, es am nächsten Feiertag zum Bier führen zu wollen, so muß er einen Thaler, einen Ring, oder die Sackuhr zum Pfand zu geben; foppt er die Schöne, so zerbricht sie ihm die Uhr, oder den Ring; und den Thäler behält sie."

103

Auch der Sprachforscher Schmeller schreibt: *„Das Kammerfenster, auf dem Lande vorzüglich das Fenster an der Kammer, in der ein unverheiratetes, mannbares Mädchen schläft, sie sei nun die Dirne oder die Tochter vom Hause. An diesen Fenstern seufzen die noch unerhörten ländlichen Liebhaber, freuen sich ihres Glückes die Erhörten, jammern und verzweifeln oder trotzen und schelten die Verschmähten."*

„Alles ist streng geregelt. In den Städten haben es die jungen Leute leicht, zusammenzukommen. Auf dem Lande bleibt keine Zeit als die Nacht. Die älteren Burschen führen die jüngeren in die Geheimnisse der dörflichen Liebesdichtung ein. Es gibt eine Unmenge von Fenstersprüchen, in denen das ausgesprochen wird, was der Bursche selber nicht sagen könnte oder mit eigenen Worten sich nicht zu sagen traut. In richtigen Bauerngebieten ist es immer noch üblich, daß die Mädchen nur hinter vergitterten Fenster schlafen, ja, die meisten Mütter würden sich weigern, ihre Töchter in ein Haus zu verdingen, wo kein geschützter Schlafraum vorhanden ist", schildert der Böhmerwälder Adolf Webinger in der Zeit vor dem Zweiten Weltkrieg das Kammerfensterln entlang des bayerisch-böhmischen Grenzgebirges.

Kammerfensterln ist ab den fünfziger Jahren dieses Jahrhunderts ‚out‘. Die Haus- und Wohnungstüren stehen auch auf dem flachen Lande zumeist für Liebeswerbende offen. Kammerfensterln endet heute zumeist als Hausfriedensbruch, wie diese im Juni 1980 erschienene Polizeimeldung aus der ‚Passauer Neuen Presse‘ besagt:

„Drei junge Burschen trieben sich am Samstag gegen 1.30 Uhr in einem Wohnblock des Hauses ‚Bergland‘ in Altreichenau herum. Als die Jugendlichen, sie wollten zu den Mädchen einer anwesenden Schulklasse, von einem der Lehrer entdeckt wurden, flüchteten sie auf einen Balkon und wollten von dort an der Außenfassade in das nächsthöhere Stockwerk klettern. Einer der Burschen konnte die Klettertour jedoch nicht mitmachen, da er am Unterarm verletzt war. Er wurde vom Lehrer gestellt. Gegen die Bur-

schen wird Anzeige wegen Hausfriedensbruch erstattet."

Ein über dreihundert Jahre altes Kammerfenster-Abenteuer endete ebenfalls vor dem Kadi. ‚Carciert‘, also eingesperrt, wurde 1617 vom Gericht Bärnstein (bei Grafenau) *„ein Müllnerknecht, der bei der ledigen Dirn Anna Kasbergerin zum Fenster heimlich eingeschloffen, darüber sie ihn einen Schelm gescholten und eine Maultasche geben"*. Der Richterspruch für beide: Sie wurden einen halb Tag lang bei Wasser und Brot ‚carciert‘.

Was bis heute jedoch geblieben ist, sind die ‚Schnodahüpfl‘, ohne die es bei einer ‚Bauernhochzeit‘ nicht abgehen kann.

> *Zum Deandl bin i ganga,*
> *A ganze Wocha,*
> *Aber dö letztn drei Tag*
> *Sand ma d'Hoizschuh brocha.*

> *Jetzt muaß mir mei Vater*
> *An Schimmi kaufa,*
> *Und i konn net all Nächt*
> *Zu mein Deandl laufa.*

Wer sich einmal die Mühe gemacht hat, in Niederbayern wie der Oberpfalz auf den Spuren seiner Vorfahren zu wandeln, wird erkannt haben, daß über Jahrhunderte hinweg die Brautwerbung auf dem Dorfe nur in einem Umkreis geschah, der innerhalb einer Nacht hin und zurück zu Fuß machbar war. Das Tagewerk orientierte sich damals nach dem Sonnenauf- und -niedergang. So waren Bauer und Dienstboten in den Sommermonaten schon früh um drei oder vier Uhr bei der Stallarbeit oder beim Mähen. Für längere Fußmärsche blieb also keine Zeit.

Natürlich endeten nicht alle Kammerfenster-Abenteuer mit einer Brautschau, denn diese wurde von den Eltern oder vom ‚Schmuser‘ auch oft ohne das Zutun der zur Heirat anstehenden jungen Leute inszeniert: Ende der 70er Jahre dieses Jahrhunderts hat der Hochzeitslader Alois Schmalhofer aus Tittling darüber aufgezeichnet: *„War sich ein Liebespaar*

Nicht nur die ‚grüne Hochzeit', also die Eheschließung selbst, wurde und wird in Altbayern groß gefeiert. Auch nach 50 Jahren Ehe gibt es zur ‚Goldenen' nochmals eine große Feier, der ein feierliches Amt in der Pfarrkirche vorausgeht. Unser Bild zeigt eine goldene Hochzeit der zwanziger Jahre.

einig zu heiraten, dann war das nächstliegende Ziel die Brautschau. So fuhr nun eines Tages der Hochzeiter mit seinen Eltern auf einem schneidigen Gäuwagerl und mit gutgepflegten Pferden zum Hof der Braut. Man saß am Bauerntisch und sprach ein wenig scheinheilig vom Wetter und den sonstigen Ortsereignissen und landete schließlich beim Zustand des Reichtums des eigenen Besitzes. Man besichtigte die Ställe und den Viehbestand, lobte entsprechend, besah sich die Scheune, vielleicht auch ein wenig die Grundstücke. Dann aber wurde sogleich das Heiratsgut vereinbart und der Hochzeitstag festgelegt."

Das Sichkennenlernen von Braut und Bräutigam besorgte in vielen Fällen in ganz Altbayern der ‚Schmuser', ein ‚Kubböa' oder eine ‚Kubböarön', zu Schriftdeutsch also ein Kuppler oder eine Kupplerin. In Antersdorf bei Sim-

bach/Inn, so hat es der 1957 verstorbene Michael Waltinger aufgezeichnet, bekam vor dem Ersten Weltkrieg eine solche Person für eine Heiratsvermittlung 50 bis 100 Mark, dazu in vielen Fällen auch noch Getreide und die Ernte eines Kartoffelackers.

Vor dem kirchlichen Stuhlfest, bei dem sich die beiden Heiratswilligen in Anwesenheit von Zeugen das Verlöbnis gaben, wurden sie vom Geistlichen in der Glaubens- und Sittenlehre examiniert. Erst dann wurde die Eheankündigung an der kirchlichen Anschlagtafel ‚ausgehängt' und an Sonntagen dreimal hintereinander von der Kanzel verkündigt.

Der nächste Auftrag ging an den Hochzeitslader, der mit einem blumengeschmückten Stock von Haus zu Haus ging, um an die Stubentür der Einzuladenden einen Spruch und die Höhe des Mahlgeldes zu schreiben.

Adalbert von Müller hat in seiner Monograhie über den Bayerischen Wald 1846 nachfolgenden Spruch eines Hochzeitsladers aufgezeichnet:

„Hier habe ich eine freundliche Botschaft und einen heiligen Gruß von der neuen Freundschaft abzulegen, von einem vielgeliebten Bräutigam mit Namen N. N., neuangehender Bauer von N., wie auch von der ehr- und tugendsamen Jungfrau Hochzeiterin, mit Namen N. N., Bauerstochter von N. Diese beiden Brautpersonen haben sich zum heiligen Sakrament der Ehe versprochen, wie es Christus der Herr hat eingesetzt und lassen Euch ganz freundlich einladen auf ihren Hochzeits- und ehrentag, auf den nächstkommenden (Datum)." Dann folgte das Verkünden des Versammlungsortes zur Aufstellung zum Kirchenzug, Gottesdienstbeginn und Ort und Zeit des Hochzeitsmahls.

Mit Böllern und Vorderladern angeschossen, so wie Weihnachten und Neujahr, wurde das Kammerwagenumfahren wie auch die Hochzeit selbst. Das war nicht ganz ungefährlich, wie ein Bericht der ‚Freyunger Waldpost' in einer Juni-Ausgabe von 1927 erzählt:

„Am vergangenen Freitag war die Gastwirtstochter Frl. Strahlberger von Neureut, nun Frau Wallner, mit dem Fahren ihres Kammerwagens von Neureut nach Ringelai beschäftigt. Mehrere junge Burschen huldigten dem hier üblichen Kammerwagen-Anschießen. Als Frau Wallner dem Fuhrwerk vorausging, fiel ein solcher Freudenschuß, der leider nicht in die Luft ging, sondern Frau Wallner an der Brust leicht streifte, so daß selbe heute noch blaue Flecken hat. Es ist das ein großes Glück im Unglück zu nennen, denn wäre der Schuß einige Zentimeter tiefer gegangen, wäre Frau Wallner direkt ins Herz getroffen worden."

Das Zeremoniell des Hochzeitstages selbst begann mit dem Auszug der Braut und deren Verabschiedung vom Elternhaus. Der Hochzeitslader betete ein Vaterunser, überreichte das Brautsträußlein mit Rosmarin und Immergrün. Der Zug zur Kirche ging in strenger Formation vonstatten: Voran schritt die Musik, dann reihte sich der Brautweiser ein. Die Vorgeher nahmen als Freunde des Bräutigams den ‚Brauterer' in ihre Mitte. Hinter ihm dann die von den Schleierträgerinnen und Ehrenjungfrauen begleitete Braut, die Ehrenmutter (zumeist die Taufpatin der Braut), die Trauzeugen nebst Verwandten und Bekannten. Genauso wie einem Kammerwagen wurde auch dem Kirchenzug ‚vorgezogen'. Seile versperrten der Hochzeitsgesellschaft den Weg, die erst dann fallengelassen wurden, wenn Krapfen, Plätzerl, Süßigkeiten oder Kleingeld verteilt wurden.

Zur kirchlichen Trauung erklangen und erklingen heute noch bodenständige Arien. Für das Waldland geschrieben hat der Heimatdichter Paul Friedl aus Zwiesel eine ‚Waldlerische Hochzeitsmesse', die mit den Versen endet: *„Viel Glück sei euch beschieden, drum gehet hin in Frieden, denkt an die Christenpflicht, vergeßt das Beten nicht."*

Über Bauernhochzeiten gibt es viele Aufzeichnungen, da dies die Hoch-Zeiten nicht nur für das Brautpaar selbst, sondern für die Gesamtbevölkerung eines Dorfes bedeutete. *„Meiner Seel, da ist ein Stück Himmel auf die niederbayerische Bauernerde gezaubert worden, als es anno 1897 eine Bauernhochzeit ganz großen Stils zu Ruhstorf im gesegneten Rottal gegeben hat"*, beschreibt Max Peinkofer die Hochzeit des Bauernsohnes Johann Reitmeier von Ruhstorf und der Fanny Jodlbauer von Unterschwärzenbach. Allein fünfzig Kutschen waren notwendig, um die Hochzeitsgesellschaft anzukarren.

Was dieser betuchten Hochzeitsgesellschaft nach den sogenannten Hungertänzen alles aufgetischt wurde, hat Peinkofer genau notiert:

„Schöberlsuppe mit Einlage, Lüngerl mit Krapfen, Spanferkel mit Kraut, Kalbsbraten mit Salat, Rindfleisch mit Blaukraut und Kren, Geflügel mit Zutaten, dann als Nachspeise Brottorte und Butterbögen."

Doch dies war nicht alles, denn zum Abendmahl gab's dann noch: *„Suppe mit Leberknödel, Kalbsschlegel mit Windküchecheln, gebackenes Lamm mit Salat, Schweizer Omlett mit Kompott und auf die letzt Kaffe und Wein."*

Alles in allem wurden an einem Tag verzehrt: *„2 Kälber mit zusammen 270 Pfund, 2 Schweine mit 160 Pfund, 41 Enten, 22 Gänse, 5 Lämmer, 38 Pfund Rindfleisch für die Suppe, 1600 (!) Maß Bier."*

Damit gut bei Laune gehalten, wurde die Hochzeitsgesellschaft dann vom Hochzeitslader zum Schenken aufgefordert: *„So liabe Leut', nun wird der Beutel aufgetan, denn es fängt das Schenken an. Schenken kann jeder soviel er will, da setz' ma gar koan a Ziel . . ."*

Mit schmeichelnden Schnodahüpfeln wurden daraufhin alle Gäste namentlich zum Schenken bestellt:

„Es soll geehrt und respektiert werden: der ehrengeachtete Schreinermeister Mathias Waldenreuther, Großgrundbesitzer und Holzwurm von Oberkirchberg, der Braut ihr vielgeliebter Onkel. Auf, Musikanten, ihm zu Ehren laßt heut eure Instrumente hören." Daraufhin zückte dieser die Brieftasche, übergab der Brautmutter das Schenkgeld, gratulierte und leerte mit dem jungen Brautpaar ein Glas Wein.

Als was die Ehe zu dienen hatte, das legte der Katechismus des Petrus Canisius (Ausgabe 1882) u. a. so dar. *„Die Ehe ist die vollkommene, unbeschränkte Hingabe und Verbindung zweier freier Personen, damit sie als Mittel zur Vermeidung des Fleisches-Sünde gebraucht werde."* Und so war es kein Wunder, daß so mancher Ehemann auf dem Lande seine Frau nie nackt gesehen hat, weil sich die ehelichen Pflichten ausschließlich im Schutze der Dunkelheit abspielten. Über den Himmelbetten war oft die Aufschrift zu lesen: ,Gott sichtet uns!' Kein Wunder, daß in Zeiten der Elektrifizierung so manche Bauern nur das Erdgeschoß elektrifizieren ließen, da sie ja im Obergeschoß sowieso kein Licht brauchten und wollten.

Unter holz- und strohgedeckten Dächern

Zwischen geduckten Waldlerhäusern und stolzen Vierseithöfen

„Wie im gesamten Bayerischen Wald verschwindet auch im Landkreis Viechtach eines nach dem andern von den schönen Waldlerhäusern aus Holz, seien es nun Wohnhäuser, Ausgedingehäuser, Getreidekästen oder Brechhäusl. Man kann dies bedauern – aufhalten wird man es kaum können. Auch der Bauer will moderner wohnen, als es in den niedrigen Stuben mit den kleinen Fenstern möglich war und auch die Entwicklung der Landwirtschaft erfordert neuzeitlichere Wirtschaftsgebäude." Das stellte Viechtachs Kreisheimatpfleger Werner Pohl in seinen ‚Heimatkundlichen Beiträgen des Landkreises Viechtach' 1968 fest. Und recht sollte er behalten. Zwanzig Jahre später bereits ist in der Oberpfalz wie in Niederbayern beinahe das letzte Holzhaus aus seiner ursprünglichen Umgebung verschwunden und in eines der Freilichtmuseen gewandert.

Die Umstrukturierung der landwirtschaftlichen Betriebe brachte nach dem Zweiten Weltkrieg eine grundlegende Veränderung der Hauslandschaften wie des persönlichen Wohnkomforts mit sich. Holzhäuser verschwanden ebenso zu Tausenden aus ihrer ursprünglichen Umgebung wie alte Ziegel- und Granitsteinbauten. Georg Höltl aus Tittling, privater Freilichtmuseums-Initiator und -Träger, wurden alte Gebäude buchstäblich nachgeworfen. Seine Erfahrung:

Blick durch den Torbogen eines Vierseithofes in Hitzenthal bei Osterhofen.

108

Waldlerhäuser: Aus Holz und Stein gebaut.

„Die Umstrukturierung der Betriebe war in den meisten Fällen mit dem Abriß der alten Gebäude verbunden. Neben den unbrauchbar gewordenen Wirtschaftsgebäuden verschwanden auch die alten Wohnhäuser. Man wollte nicht mehr in einem Holzhaus mit niedrigen Decken und winzigen Fenstern, ohne Zentralheizung und sanitäre Anlagen, wohnen.
Händler verschleppten das nicht mehr gewollte Mobiliar sowie bäuerliche Gerätschaften aller Art in die Stadt. Mit der tiefgreifenden Veränderung der Lebens- und Arbeitsbedingungen auf dem Lande schien sich auch das Verhältnis zur Vergangenheit gewandelt zu haben: Man war nicht stolz auf sein Erbe, sondern verband damit offensichtlich nur Erinnerungen an schlechte Zeiten sowie Prestigeverlust in unserer Gesellschaft. Radikale Straßenbaumaßnahmen wie die Verbreiterung der Ortsdurchgangsstraßen forderten häufig noch den letzten Abriß alter bäuerlicher Anwesen."

Man verfiel praktisch von einem Extrem ins andere. Was nach dem Kriege auf dem Lande vielfach gebaut wurde, war radikal städtischen Vorbildern nachempfunden. Alte Hausstrukturen verschwanden und nicht selten wurden die Wohnhäuser der Bauern ähnlich zweigeschossigen Mietskasernen neben Stall und Scheune gestellt. Das Austragshaus entstand einen Steinwurf weiter als Walmdach-Bungalow mit Eternitplatteneindeckung. Sprossenfenster störten – möglichst groß mußten die Glasscheiben sein.

Mitte der siebziger Jahre jedoch wurde der alte Baustil wiederentdeckt. Das Pendel schlug nun gleich heftig auf die andere Seite aus. Oberbayerische Balkone, Erker, Lüftlmalerei prägten nun das Bild der neuen Bauernhöfe.

Viel zu spät wurde von der landwirtschaftlichen Fachberatung wie von den Ministerien erkannt, „daß sich Tradition und Fortschritt richtig verstanden im landschaftsgebundenen Bauen dokumentieren können". Im Jahre 1991 wurde vom Bayerischen Staatsministerium für Ernährung, Landwirtschaft und Forsten zum achten Male ein Wettbewerb ‚Landschaftsgebundenes Bauen in der Landwirtschaft 1991' ausgeschrieben. Die Vorgaben hierzu: „Landschaftsgebundenes Bauen ist mehr als nur Sicherung einer folkloristischen Kulisse für den Fremdenverkehr. Neben einer harmonischen Gestaltung, zeitgemäßer Planung und zeitgerechter wirtschaftlicher Ausstattung der Wohnhäuser müßten funktionelle Wirtschaftsgebäude ebenfalls zu einer ganzheitlichen Lösung mit beitragen. Nur so könne es gelingen, die traditionellen Hauslandschaften in Bayern aus der historischen Grundlage heraus weiterzuentwickeln. Hausformen, Baustoffe und Techniken, aber auch Bäume und Gewässer sowie Fluren und Gärten müßten Heimatgefühl vermitteln."

Doch wie sah es hundert Jahre vorher in Ostbayern aus? Überaus romantisch, jedoch nur für den betrachtenden Bürger, der nicht darin wohnen mußte! Selbst die ansonsten kritischen Ärzte, die die Physikatsberichte erstellten, schwärmten: „*Ältere Wohnhäuser auf dem Lande, welche ohne Ausnahme von Holz im Gebirgsstyle hervorspringenden Dache, Vorstoß und zierlichen Gallerien (‚Schrot') gebaut, hin und wieder auch mit Malereien und Sinnsprüchen versehen sind, gewähren in ihrem alterthümlichen Farbtone einen äußerst anmuthigen Anblick*" (für die Gegend um Vilshofen).

Doch so schön auch manches alte Holzhaus sein mochte und manche Bezirksärzte glaubten, „*die hölzernen Häuser sind viel gesünder als die gemauerten, weil sie trockener und wärmer sind*", hatten sie doch auch viele Kritiker, „*weil dieselben mit kleinen Fenstern versehen, weßhalb diese Wohnungen wegen mangelnder Lufterneue-*

rung nicht selten auf die Gesundheit nachtheilig einwirken".

Ostbayern ist in seiner ländlichen Siedlungsstruktur recht unterschiedlich. Während es im Bayerischen Wald außer den wenigen Städten und Märkten in der Hauptsache nur kleinere Dörfer, dafür aber um so mehr Einöden gab, kamen im Einzugsbereich von Abensberg 1860 „*keine Einöden, sondern nur größere, geschlossene Ortschaften vor*".

Davon beeinflußt wurde natürlich auch die Bauweise der einzelnen Häuser. Dr. Hans Bleibrunner, Bezirksheimatpfleger von Niederbayern, hat in seinem Anfang der fünfziger Jahre erschienenen Buch ‚Niederbayerische Heimat' dazu festgestellt: „*Unternimmt man einen Ausflug*

Scheunenbau in den zwanziger Jahren war ein dörfliches Gemeinschaftswerk.

Bauernhof in Wimm/Landkreis Rottal-Inn, Anfang 20. Jahrhundert.

durch das niederbayerische Hügelland, so sieht man, daß Einödhöfe und Weiler mit wenigen Gehöften das Landschaftsbild bestimmen. Dies gilt auch für den Bayerischen Wald, nur daß dort die Häuser anders gebaut sind als im Hügelland. Fährt man aber durch den Dungau, so sieht man nur selten einen Einödhof. Dort wohnen die Bauern in großen Haufendörfern. Solange sich der Bauer mit allen notwendigen Gebrauchsgütern selbst versorgte, standen um den Einzelhof im Hügelland eine Anzahl kleiner Nebengebäude: der Dörrofen zum Obstdörren, die Bleichhütte für die Leinwand, das Bienenhaus, der Haarboden für das Trocknen des Flachses. Sie sind fast alle verschwunden. Nur der Backofen, die Holzlege und das Waschhaus haben sich als abseitsstehende Häuschen bei vielen Höfen erhalten. Die Hauptgebäude des Einzelhofes im Hügelland wurden im Laufe der letzten 100–200 Jahre aus ihrer willkürlichen Stellung

meist rechtwinkelig zueinander gestellt. So stehen heute um einen rechteckigen Innenhof drei bis vier Einzelgebäude, die zusammen den niederbayerischen Vierseithof bilden."

Tatsächlich waren die Gehöftformen um 1800 sehr vielfältig. In allen Regionen Niederbayerns gab es Einfirstanlagen, Haken- und Dreiseithöfe sowie Vierseitanlagen. Im wesentlichen bestimmten die Siedlungsform und die Größe des Betriebes – also der Platzbedarf für Mensch, Vieh, Gerätschaften und Feldfrüchte – die Bauweise. Entsprechend diesem Prinzip traten im fruchtbaren Gebiet der Einödsiedlungen – im Rottal und Vilstal –, aber auch im Gäuboden vermehrt Vierseithöfe auf. Im Bayerischen Wald mit seinen Weilern und kleinen Dörfern dominierten die Einfirstanlagen der Kleinbauern, häufig auch als ‚Waldlerhäuser' bezeichnet.

Unabhängig von der Gehöftform gehörte zu jedem Anwesen zusätzlich ein Backofen, oft auch ein Flachsbrechhaus und ein Getreidespeicher.

Der Vierseithof kam in Niederbayern vermehrt im Hügelland und im Gäuboden vor. Die Gebäudesubstanz bestand aus Holz- und Steinbauweise; die Dächer waren stroh- und schindelgedeckt. Er gliederte sich in Wohnteil, Pferde- und Rinderstall, Schupfen, Getreidespeicher und Stadel auf.

Im Bayerischen Wald war dagegen die Einfirstanlage dominierend. Auch hier war die Holz- und Steinbauweise über Jahrhunderte hinweg gebräuchlich. Für die Dächerei gab es ebenfalls Holzschindel- und Stroheindeckungen. Witterungsbedingt, vor allem wegen der strengen und langen Winter, war ein vorspringendes, verbrettertes Dach gebräuchlich, das auch tief heruntergezogen sein konnte (Walm).

Dr. Martin Ortmeier, Leiter der Freilichtmuseen in Massing und Finsterau, bezeichnet das ‚Freilinger Häusl‘ aus dem Rottal von 1611 als das älteste noch erhaltene Bauernhaus in Niederbayern. Es

Der alten Handwerkskunst nachempfunden ist die Eindeckung von Scheunen mit Stroh. Unser Bild entstand Ende der siebziger Jahre im Museumsdorf am Dreiburgensee.

Bauernhof bei Matzendorf/Oberpfalz, Anfang 20. Jahrhundert.

steht heute im Freilichtmuseum in Massing. Über seine Bausubstanz und Ausstattung: *„Die Technik des Kantholzblockbaus, die bis weit ins 19. Jahrhundert angewendet wurde, ist bei diesem Bauernhaus in allen Teilen voll ausgebildet. Auf einem geschlossenen Eichenschwellenkranz, der an den Ecken kräftige Vorköpfe besitzt, sind die Wände aus vierkant behauenen Fichtenbalken aufgezimmert. Die Ecken sind sorgfältig verzinkt, auf überstehende Vorköpfe ist verzichtet. Alle Innenraumwände sind mit den Außenwänden in einem durchgehenden Kastenverband, die Deckenbalken des Erdgeschosses sind an der Giebelseite über die Blockwand vorgezogen und dienen so als Auflager für einen Schrot vor dem Obergeschoß, das bereits voll ausgebildet ist. Das Dach war wohl von Beginn an für Legschindel vorgesehen.“* Des weiteren stellt Dr. Ortmeier fest, daß dieses Gebäude giebelseitig durch eine Tür erschlossen war, die in einen Flur mündete, und die Stube mit zwei Fenstern in zwei verschiedene Himmelsrichtungen blickte.

Auch in der Oberpfalz gestaltete sich die Hauslandschaft nach den sozialen Schichtungen der Bevölkerung: Bauern, Söldner, Häusler, Hirten, Taglöhner und Inwohner. Wie die soziale Stellung so die Behausung! Gut dran waren zu Beginn des 19. Jahrhunderts natürlich die adeligen Großgrundbesitzer. Am Beispiel des Landsassengutes Rauberweihermühle wurden der Besitz und alles, was dazu gehörte, wie folgt beschrieben: *„Es stehet dieses frey eigenthumliche Landsassenguett in einer feinen ohnlängst neu erpautten Wohnung, worinnen unter her 2 Zimmer vor die Bediente samt der Kuchl, dan oben her widerumen 3 Stuben, 2 Cammern, und eine feine grosse Kuchl nebst einen Schüttboden, Kel-*

113

Der noch vollständig erhaltene Pledl-Hof in Datting, Landkreis Deggendorf.

ler und andern Nothwendigkeiten, nit wendiger einen kleinen Thurn in der obern Tachung, worinnen ein wider die Hochgewitter geweihtes Glöckl samt einer Schlaguhr sich befundet, ist auch eine wohl erbpaute Mühl mit 3 Gängen und 1 Schneidsäg, nebst denen ist widerumen das Pauhaus, Stadl, Schupfen und Stahlungen alles in einen grossen viereckhigten Hof eingeschlossen."

Für den Urschlbauern in Gebertshofen in der westlichen Oberpfalz sahen die Besitzverhältnisse 1839 so aus: „Wohnhaus und Stallung (Wohnstallhaus) unter einem Dach, Kasten, Schweinestall, Keller, Backofen, Wurzgärtl und Hofraum." Dies galt als ein Halbhof. Die Söldner, die im 18. wie 19. Jahrhundert immerhin ein Viertel der Bevölkerung stellten und als Kleinhäusler auf Zuerwerb angewiesen waren, waren ebenfalls Besitzer eines Wohnhauses mit Stallung wie eines Anteils am dörflichen Backofen. Eingebunden in die Dorfgemeinschaft waren auch die Hirten, die von der Gemeinde als Dienstwohnung die ‚Hirtenhäusl' zugewiesen bekamen und in dem dazugehörigen Stall Ziegen und Schafe halten konnten.

Bereits im Jahre 1674 gab es zu den Haus- und Hofbezeichnungen in amtlichen Aufschreibungen, so zum Beispiel im Urbar der Grafschaft Neuburg am Inn bei Passau ganz konkrete Größenmaße, die sich jedoch von Region zu Region von Ausstattung und Umfang her oft ziemlich unterschieden. Für die kleineren Anwesen galten die Bezeichnungen Kleines Häusl, Häusl oder Sölden, während für die größeren Besitztümer Gütl, Gut und Hof geläufig waren. Die Größe der Höfe war hinsichtlich des Steuersystems und der Bonität von der Obrigkeit nach dem damals gültigen bayerischen Hoffuß qualifiziert: So gab es Unterschiede von ‚einem ganzen Hof' bis hin zum $1/_{64}$-Hof. Nach Schmeller gehörten zu einem ‚ganzen Hof' rund „50 bis 60 Jucharten Ackerland (Juchart war in Bayern ein Flächenmaß von mehr als einem ‚Tagwerk', letzteres 0,3407 Hektar), zu deren Anbauung 12 Münchner Schäffel Sam-

getreide erfordert werden. Die Wies- und Holz-Gründe waren dabei nicht gerechnet." Das kleinste Gütl von einer Größe von einem $1/_{64}$-Hoffuß brachte es demnach nur auf rund 3000 Quadratmeter Grund und Boden, während ein ‚ganzer Hof' rund 34 Hektar umfaßte – rechnet man zur Ackerfläche die Wiesen- und Waldgründe hinzu.

Zu einem Hof gehörte auch das Austragshäusl, wo nach der Hofübergabe die Eltern des Hofbesitzers eine Bleibe fanden, und oft sogenannte ‚Inwohnerhäuser'. Diese wurden von Familien bewohnt, die vom Bauern eine kleine, wenig ertragreiche Fläche zur Selbstversorgung überlassen bekamen, dafür aber mit allen Familienmitgliedern der Bauersfamilie zum Dienst verpflichtet waren.

Wie sehr Haus- und Grundbesitz Stand und Ansehen prägten, kann auch heutzutage noch bei einem Besuch alter Friedhöfe nachvollzogen werden. Nicht selten findet man dort noch Grabsteine, die ganz klar aussagen, welchen Besitz der hier Begrabene einst hatte. Nach dem Namen kann man Bezeichnungen wie ‚Bauer von N. N.', ‚Realitätenbesitzer', ‚Gütler' oder auch nur ‚Inwohner' lesen.

Daß die Kleinhäusler auf Wohnkomfort verzichten mußten, läßt sich nicht nur im Grenzgebiet des Bayerischen Waldes feststellen, wo Schlafkammer und Vorratsraum selbst nach dem Zweiten Weltkrieg oft noch eins waren. Kinder und Knechte schliefen vielfach noch so, wie es 1860 ein Bezirksarzt im Straubinger Land beschrieb: „Ich habe es schon getroffen, daß unmittelbar vor einem Bette, mitten im Winter eine mindestens zwei bis drei Quadratschuh große Dachluke frei offenstand, die dem Wind, Regen und Schnee freien Zutritt auf dem Bett . . . gestattete, und mir der Inhaber dieser luftfrischen Lagerstätte auf meine Anmahnung, doch die Dachluke zu schließen, entgegnete, es ist kein Fenster p. dafür da, das macht nichts."
Selbst 1953 konnte dies noch so angetroffen werden. Dazu ein Gedicht des

Schriftstellers Kurt Paul nach einem Besuch von Waldhäuser im Bayerischen
Wald im Jahre 1953:

Unter dem Schindeldach

Unter dem Schindeldach
nistet die Not.
Mit zerschundenen Händen
bricht der Häusler sein Brot

Unter dem Schindeldach
weinet der Wind.
In der finsteren Kammer
wiegt die Mutter ihr Kind

Über dem Schindeldach
fliehet die Nacht,
hat der Stern aus dem Osten
lichte Botschaft gebracht

Unter dem Schindeldach
leuchtet sein Schein.
In der uralten Wiege schläft das
Häuslerkind ein

Bauernhof bei Berching/Oberpfalz, um 1908.

Alte Bauernmöbel –
das Himmelbett war nicht immer der ,Himmel auf Erden'

Wenn es auch heute in Stadt- wie Landhäusern ,Mode' ist, sich alte Bauernmöbel in die gute Stube zu stellen, einige Museen wahre Prachtstücke aufbewahren, so wohnte die bäuerliche Bevölkerung selbst vor hundert Jahren noch keinesfalls glanzvoll.

Unter den Dächern der Waldlerhäuser wie der Ein- und Mehrfirsthöfe im Rottal, Gäuboden und der Oberpfalz war Bescheidenheit an Mobiliar zu Hause. Bis zum 17. Jahrhundert wurden Stoffe wie Kleider und so mancher Hausrat durchwegs in Truhen verwahrt, das Geschirr einer einfachen ,Anricht' oder einem sogenannten ,Schüsselkorb' anvertraut.

Erst in der zweiten Hälfte des 18. Jahrhunderts hielten die ersten Schränke abseits der Städte und größeren Märkte Einzug in die Bauernhäuser. Die Blütezeit der Bauernmöbel(malerei) setzte in der ersten Hälfte des 19. Jahrhunderts ein.

Auch das Schlafen in einem Himmelbett war nicht, wie man heute romantisierend glauben möchte, ein himmlisches Vergnügen nach dem zufriedenen Ausruf ,Ich hab' geschlafen, wie im Himmelbett!' Denn hinter den Vorhängen eines Himmel- oder auch verschließbaren Kastenbettes ruhte man für unsere heutigen Verhältnisse gesehen überaus beengt auf einem Strohsack. An den ,Himmel' erinnerte nur die Überdachung des Bettes'. Der ,Himmel' diente das Jahr über als Speisekammer für die verschiedensten Lebensmittel wie Brot, Äpfel, Dörrobst und Eingemachtes. Zudem bot er Schutz vor Dreck, der durch die oft losen Zwischendecken fiel.

Das Bett stand zumeist in der Stube, in der zugleich auch noch gekocht und gegessen und im Winter neben Federschleißen und Spinnen, Brotbacken und Wursten auch viele andere Arbeiten verrichtet wurden.

Was aber veranlaßte die Bauernmöbelschreiner von einst dazu, die Möbel zu bemalen? Vor allem wohl die Tatsache, daß speziell die ersten für die Bauern bestimmten Möbel nur aus Weichholz (zumeist Fichte und Tanne) geschreinert wurden. Aus Eichen- oder Kirschbaumholz hergestellte Kästen konnten sich nur wenige leisten. Um die Möbelstücke wertvoller zu machen, entschloß man sich, sie zu bemalen. Eine volkstümliche Kunst war entstanden: die Bauernmöbelmalerei, die keineswegs nur in Ostbayern Tradition hat, sondern im gesamten alpenländischen Raum zu Hause ist.

Das ,weiße' Holz aber ist selbst in poliertem Zustand nicht so schön gemasert wie Hartholz. Furniere waren teuer und von der Verarbeitungstechnik her den Bauernschreinern nicht vertraut. Mit der Grundfarbe wurde die Holzmaserung mehr oder weniger imitiert.

Die Freude an der Farbe, der Bezug zu Religion, Mystik und Aberglaube führte dann zur Verzierung und Bemalung der Felder und Leisten, wobei der Einfluß der Klöster und Kirchen unverkennbar ist. Um die Menschen, das Haus und den lebenswichtigen Viehbestand unter den Schutz himmlischer Helfer zu stellen, ging man aus tiefer Frömmigkeit dazu über, die Schränke, Truhen, Betten und Wiegen mit den persönlichen Namenspatronen, volkstümlichen Heiligen und christlichen Segenszeichen zu schmücken. Die einzelnen Heiligen sind an ihren symbolischen Beigaben, wie Mühlrad, Sichel, Pfeil usw., zu erkennen.

Aber nicht nur christliche Zeichen können an den Bauernmöbeln beobachtet werden, auch heidnische Reste fallen hier auf. So sind es hauptsächlich runenähnliche Formgebungen, die auf den Besitzer wohl einen schützenden und stärkenden Einfluß ausüben sollten. Beispiele dafür sind u. a. die dreizackige Man-Rune, das Wirbelrad, der Bannknoten, Sonnenwedel, Radkreuz und der Lebensbaum. Oft kam es dabei zu Kombinationen von christlichen und heidnischen Symbolen. Zum Beispiel erwächst der Lebensbaum aus einem Herzen, dem

Symbol des unversiegbaren Blutstromes. Anstelle des Herzens können aber auch nur ein Blumentopf, eine Vase oder Wellenlinien, die das Auf und Nieder des menschlichen Lebens versinnbildlichen sollen, zu sehen sein.

Dieser eintürige Bauernschrank stammt aus der Werkstätte Weinzierl aus Deggendorf und steht heute im Bauernmöbelmuseum in Grafenau. In der oberen Schranktürfüllung ist die Krönung Mariens durch die Hl. Dreifaltigkeit dargestellt.

Gerne wählte man bei der Ausmalung der Füllungen auch das Tulpenmotiv. Die Tulpe kam erst um 1559 aus Konstantinopel nach Augsburg, von wo aus sie sich bald über ganz Europa verbreitete. Gotischen Stilelementen entliehen wurden Wirbelrosetten, die auf eine frühe Entstehung schließen lassen.

Viele Möbelstücke zeichnen sich durch Farbenprächtigkeit aus, bei den älteren Schränken dominiert dagegen die Schablonen- und Ornamentmalerei. Der nicht mit der Kunst der Bauernmalerei vertraute Betrachter soll sich jedoch davor hüten, einfache Zierformen als primitive Darstellung abzukanzeln. Diese vereinfachten Formen haben einen tiefen Sinngehalt und müssen als Ausdruck der damaligen Zeit gesehen werden.

Der Bayerische wie der Oberpfälzer Wald haben schöne volkstümliche Möbel hervorgebracht. Im Vergleich zu anderen Möbellandschaften liegt ihre Stärke weniger in einer prunkvollen Verzierung und schreinermäßigen Ausstattung als vielmehr in ihrer volkskünstlerischen Ausdrucksstärke, Eigenständigkeit und Vielgestaltigkeit.

Während in anderen Gegenden bestimmte Möbeltypen für ein größeres Gebiet vorherrschen, sind hier die Erscheinungsformen so zahlreich, daß oft schon von Dorf zu Dorf ganz individuelle Abwandlungen, ein Nebeneinander und Durchdringen der verschiedensten Gestaltungselemente zu finden ist.

Das Hochstellen der Truhen und Schränke durch verlängerte Seitenwände oder gedrechselte Füße war kein Modetrend, sondern eine Notwendigkeit bei den damals oft feuchten Kammern, zu denen Schädlinge wie Mäuse und Ratten ungehindert Zugang hatten. Wie aber so oft in der Geschichte folgte auch in der Ära der Bauernmöbelmalerei der Blütezeit bald der Niedergang. Nach der Mitte des 19. Jahrhunderts wurde dem Einfluß aus den Städten auch hierzulande gehuldigt, so daß man die phantasievolle Malerei mit teils recht kitschigen Lithographien vertauschte. Nur in den abgelegenen Walddörfern und Einöden wurden auch nach 1860 traditionelle Arbeiten geschaffen.

Nach dem siebziger Krieg war es aus mit der alten Kunst. Es mußte erst wieder die Zeit der Nostalgie, die Zeit also des freudigen Sich-zurück-Erinnerns an längst vergangene Epochen, kommen, in der vor allem gut betuchte Leute aus der Großstadt die Bauernmöbel aus Speichern und Stuben des Hinterlandes holten und sie zu Hause auf schöne Teppiche stellten. Die Waldler warfen in den Nachkriegsjahren den Händlern und Sammlern aus der Großstadt ‚das alte Glump‘, wie sie ihre Bauernmöbel bezeichneten, zu Spottpreisen nach. Oft mußten nicht mehr als 50 oder 100 Mark für einen wurmstichigen Kasten bezahlt werden. Damit aber dieser Ausverkauf, der auch noch heute anhält, den Waldlern nicht auch noch die letzten Zeugen der Bauernmöbelschreinerei und -malerei raubt, haben sich in den siebziger Jahren z. B. die Stadt Grafenau und der örtliche Museumsverein zusammengetan und ein Bauernmöbelmuseum errichtet.

Der Schriftsteller Johannes Linke beschreibt in seinem im Jahre 1936 erschienenen Buch ‚Wälder und Wäldler‘ als Augenzeuge den Niedergang der Bauernmöbel im Bayerischen Wald:

„Ich kam einmal dazu, wie ein Wäldler, der sein Haus umbauen wollte, mit seinem Buben eine alte bemalte Truhe ins Freie schleppte, die Hinterglasbilder, mit denen sie angefüllt war, mit einem Steinschlegel zu Glasstaub zerschlug und die Truhe selber zu Brennholz zerschnitt.

Zahllose aus dem Holze geschnitzte Heiligengestalten haben lieblos fabrizierten Gipsgüssen weichen müssen, und hundertmal mußte ich hören, die alten Hinterglasbilder seien abgeschabt worden, weil ein paar Stallfenstertafeln zerbrochen seien. Und dort, wo früher ein solches Stück Volkskunst an der Wand hing, macht sich jetzt ein häßlicher Öldruck breit, wobei die Bauern meinen, was wunder sie für fortgeschrittene Leute seien.

Ja, und diese Dinge fielen mir auf, wenn ich das Waldland durchstreifte, und vielleicht habe ich doch dem einen oder andern Wäldler klargemacht, daß ein von den Voreltern ererbtes altertümliches Schnitzwerk mehr wert ist als ein neuer Pofel.

In den letzten hundert Jahren ist hier wie überall viel von der ursprünglichen Begabung und Gestaltungslust des Volkes verloren gegangen. Vielleicht schlummern diese Kräfte aber auch nur und warten, daß berufene Erzieher sie wieder wecken. Einzelne Versuche in dieser Richtung werden schon unternommen, so von dem hervorragenden Meister Schohrer in Cham auf dem Gebiet der Schreinerei, und von Professor Mauder in seiner Zwieseler Glasmacher- und Holzschnitzerschule. Es wäre doch ein Jammer, wenn die alte Bauernkunst im Wald völlig aussterben sollte. Zwar hat es in diesem Lande nie eine solch reiche Volkskultur gegeben wie etwa in Oberbayern oder in Niedersachsen, aber trotzdem fand ich auf meinen Fahrten unzählige Zeugnisse bodenständiger Handwerkskunst, Tafelbilder über Haustüren und in Kapellen, bemalte Truhen, Kästen, Bettladen und Wiegen, Model für Backwerk und Leinendruck, zinnerne Teller und Deckel, prächtig gegliederte Türen und Tore, Hinterglasmalereien aus der Verderber-Werkstatt, an denen oft ein halb Dutzend Leute gemalt hat, gebrannte Bier- und Wasserkrüge aus Steingut, Holzschnitzereien weltlicher und geistlicher Bestimmung und die vielen form- und farbreichen Erzeugnisse der Glashütten.

Zunächst einmal müssen die Wäldler diese Dinge wieder achten lernen, dann werden sie auch wieder dahin kommen, neue Stücke solcher Art zu arbeiten. Es war mir immer eine Freude, wenn mein Meister einmal einen Auftrag besonderer Art bekam, sei es, daß er ein Totenbrett zu bemalen hatte, oder daß er einen richtigen schweren Bauerntisch oder einen geschnitzten Rahmen zu bauen hatte. Dann sang er den ganzen Tag in der Werkstatt und war mit Lust und Begeisterung an seiner Arbeit, und wenn er fertig war, klagte er, daß es heute nur so selten Dinge zu tun gebe, an denen er seine wirkliche Kunst zeigen könne. In den Schreinern, Zimmerleuten und Drechslern regt sich der Gestaltungstrieb noch am meisten, und an den Totenbrettern, Altansäulen, den Brottellern und an den Bauernschüsseln sieht man deutlich, was die Handwerker des Dorfes können."

Was Linke in romantischer Manier bedauert, ist längst endgültig verschwunden. Eine völlig andere Zeit mit anderen Werten hat Linkes Hoffnung auf Reaktivierung nicht in Erfüllung gehen lassen. Dafür ist seine Beschreibung aber inzwischen ein interessantes Geschichtsdokument geworden.

Sein Buch ist nicht nur die Natur . . .

1. Kurs der Landwirtschaftsschule Deggendorf im Jahr 1886/87.

Bäuerliches Schulwesen mit vielen Praktikern – doch wenig Studierten

‚Studierte' wollten Ostbayerns Landwirte nicht unbedingt sein, denn in der breiten Bevölkerungsschicht zählten mehr die Praxis und Erfahrenswerte. Sollte es ein Bauernsohn dennoch wagen, ‚Ackerbau und Viehzucht zu studieren' – diese Bezeichnung zog er sich bereits dann zu, wenn er eine Berufsfachschule den Winter über besuchte –, dann wurde er oft genauso mitleidig von seinen Alterskollegen belächelt wie jene ‚wißbegierigen' Bauerntöchter, die ein paar Monate lang landwirtschaftliche Haushaltsschulen – ‚Knödelakademien' – besuchten. Mehr in der Achtung der Volksmeinung stand jener Bauernsohn, der reich eingeheiratet hatte und sein Berufsziel auf dem ‚dritten Bildungsweg', der ‚Einheirat' erreichte.

Gefragt war vor allem die Arbeitskraft der Kinder, denn sie wurden *„lediglich nach der Brauchbarkeit auf dem Felde, im Stalle und beim Spinnrad geschätzt"*, wie ein Physikatsbericht für das Land um den Bogenberg 1860 aussagt. Und weiter: *„Zu den Studien werden Knaben vom Bauernstand nur in der Voraussetzung und Hoffnung gegeben, daß sie den geistlichen Stand wählen werden. Aber einen Bauern zu bewegen, daß er seinen Sohn, wenn auch nur auf ein Jahr auf die Ackerbau-Schule zu schicken, das gelingt nicht."*
Auch die Jugend selbst hatte keinen Eifer, ihr Dorf zu verlassen. Vielfach war es noch bis in die Zeit vor dem Ersten Weltkrieg so, daß mancher Bauernsohn – außer zu Kriegsdiensten – nie weiter als eine Tagesreise von seinem Kirchturm entfernt die Welt erlebt hatte, *„die jungen Leute lieber ihr ganzes Leben in hei-*

matlicher Bequemlichkeit verleben, als auswärts praktische Kenntnisse sich zu sammeln" (für die Gebiete um Simbach und Passau zutreffend). Im Physikatsbericht heißt es weiter, sie hätten eine „entschiedene Neigung und Vorliebe an der heimathlichen Scholle. Und müßte jemand nach Außen, so zieht es ihn unwiderstehlich wie durch eine magnetische Kraftanziehung wieder Heimwärts" (Bereich Grafenau).

Die Bezirksärzte als königliche Untertanen gingen mit den Ostbayern aufgrund ihres „Mangels an politischer Bildung und industrieller Rührigkeit" hart ins Gericht und kamen schließlich, nicht nur für Niederbayern und die Oberpfalz, sondern für ganz Altbayern zu dem Urteil: „Es gilt bekanntlich das niederbayerische Volk und das altbayerische im Allgemeinen als geistig impotentes."

Sicher orientierte sich im 18. Jahrhundert bereits manch fortschrittlicher Großbauer an den Veröffentlichungen im ‚Bauernspiegel' und im ‚Hülfsbüchlein'. Dennoch aber war die Hinwendung zum Althergebrachten, Gewohnten und die Abneigung gegen Neuerungen und Verbesserungen größer als die Lust zum Lesen und zur ‚papierenen Bildung'. Dies sahen fortschrittliche Geistliche wie Lehrer natürlich nicht gerne. Die Einführung der allgemeinen Schulpflicht im Jahre 1802 war bei breiten Kreisen der Landbevölkerung mehr verhaßt als geliebt.

Diese Stimmung klingt auch in einem Physikatsbericht über das ‚Landshuter Land' im Jahre 1860 noch nach: „Von fünfzig Bauern liest kaum einer, der Schulunterricht wird häufig nur des Zwanges wegen besucht und im zwanzigsten Jahr ist oft die mühsam eingebläute Kunst des Lesens und Schreibens wieder vergessen."

Mit anderen Worten, Lesen und Schreiben waren für die hart arbeitende Landbevölkerung, soweit es die gegenseitige Anerkennung betraf, kein Statussymbol.
Der landwirtschaftlich-schulische Fortschritt blieb in Bayern dennoch nicht auf der Strecke. In Weihenstephan wurde bereits 1804, also nur zwei Jahre nach der Einführung der allgemeinen Schulpflicht, die erste ‚Landwirthschaftliche Musteranstalt' als erste Landwirtschaftsschule Deutschlands gegründet. Nach kurzzeitiger Auflösung, Verlegung zum Staatsgut Schleißheim und wieder zurück und Wiederbegründung als ‚Landwirtschaftliche Zentralschule' wurde sie nach dem Ersten Weltkrieg zur Hochschule.

Doch wer auf diese Schule gehen wollte, mußte den Vorkenntnissen nach des Lateins mächtig sein, einen ‚sittlich reinen Lebenswandel' geführt haben und für die vier erforderlichen Semester insgesamt über 500 Gulden zahlen, während zu damaliger Zeit ein Oberknecht nur jährlich einen Lohn von 60 bis 90 Gulden einstreichen konnte. Daß sich den Schulbesuch in der Regel nur Gutsbesitzerssöhne leisten konnten, scheint verständlich. An wissenschaftlichen Unterrichtsfächern genossen diese ‚gehobenen' Landwirtschaftsschüler Chemie, Botanik, Gerätekunde, Viehzucht, Recht, Baukunde, Betriebslehre und Religion.

Die Gründung von landwirtschaftlichen Mittelschulen als ‚Gewerbeschulen' mit „je nach den örtlichen Verhältnissen und Bedürfnissen mit speziellen Attributen, als einer Geräthe- oder Modell-Sammlung, einem Versuchsfelde oder kleineren Oekonomiegute usw. ausgestatteten Abtheilung" wurde ab dem Jahre 1833 versucht, so in Passau als Sitz für den Unterdonaukreis. Das Interesse daran war jedoch nicht allzu groß, so daß die Schule 1867 wieder schloß. Auch in Regensburg gab es eine Landwirtschafts- und Gewerbeschule. 1859 öffnete auch in Pfrentsch in der Oberpfalz eine Kreis-Wiesen- und Ackerbauschule ihre Pforten, ebenso wie 1854 eine Kreisackerbauschule in Landshut.

Die Schulen hatten jedoch in ganz Ostbayern mit dem Überleben zu kämpfen und mußten da und dort auch wieder schließen. Ab Mitte des 19. Jahrhunderts wurde an den Kreis-Ackerbauschulen auch der „niedere landwirtschaftliche Unterricht für junge Leute vom Lande und

Wie wird man Landwirtschaftsmeister?

Auch im bäuerlichen Leben fällt der Meister nicht vom Himmel.

Die Neuordnung der Landwirtschaftsmeisterprüfung sieht vor, daß 14 Lehrgangswochen notwendig sind, um die Meisterhürde nehmen zu können. Dabei wird das dritte Semester auf einer der Landwirtschaftsschulen auf die Praxiszeit von 36 Monaten angerechnet.

Die praktische Meisterarbeit ist bis zu einem Jahr lang im eigenen Betrieb zu absolvieren. Dabei kommt es vor allem auf das praktische Ergebnis und die schriftliche Arbeit, ein Prüfungsgespräch und eine Klausur zum Thema ‚Produktions- und Verfahrenstechnik' an.

Die zweite Prüfungsanforderung nimmt bis zu sechs Monate in Anspruch und ist auf die Betriebs- und Unternehmungsführung konzentriert. Eine schriftliche Meisterarbeit ist vorzulegen. Zu beurteilen ist zudem ein Fremdbetrieb. Wer Meister werden will, der muß auch mit Lehrlingen umgehen können. Auch diese Fähigkeiten sind bei einer Prüfung sieben Tage lang zu beweisen. Im Fach ‚Ausbildung und Mitarbeiterführung' werden Grundfragen gestellt und Rechtskenntnisse geprüft. Meistervorbereitungskurse gibt es an den Landbauschulen.

zwar vorzugsweise Bauernsöhne zur bestmöglichen Führung der von ihnen dereinst zu übernehmenden Güter, Oberknechte, Oekonomieführer, Geschirr- und Baumeister erteilt".

Allmählich setzten sich auch die ‚Landwirtschaftlichen Winterschulen' (ab 1869) durch, die den von November bis März eingeschulten Bauernsöhnen kaum Zeit für ‚Müßiggang' ließen. Zugleich sollten damit ‚Mißbräuche und Gefahren von der Jugend' ferngehalten werden.

Der Zulauf auch an diese Schulen hielt sich stets in Grenzen. So gab es in Niederbayern im Jahre 1903 ganze 148 Schüler, die nicht nur in staatlichen ‚Winterschulen', sondern auch in klösterlichen Winterschulen wie im Kloster Weltenburg bei Kelheim (seit 1904) und im Kloster Schweiklberg bei Vilshofen (seit 1921) untergebracht waren.

Ziel und Aufgabe dieser Klosterschulen war es, das engere Zusammenleben von Jungbauern aus den verschiedensten Gebieten Bayerns zu fördern, die Allgemeinbildung zu erweitern und einen Beitrag dazu zu leisten, die oft so krasse Eigenbrödelei auf dem Lande zu überwinden. Weltenburg aber war dem NS-Regime ein Dorn im Auge. Die Schule wurde 1941 geschlossen, jedoch bereits im Herbst 1946 wiedereröffnet.

Gleichzeitig gab es damals schon, entgegen der landläufigen Meinung, die Landfrauen seien bildungsunwürdig, bei Passau eine ‚Bauerntöchterschule' und eine Haushaltungsschule bei Geisenhausen, die Kochen, Waschen, Milchwirtschaft, Rechnen, Schreiben und bereits Buchführung lehrten.

Durchgesetzt haben sich schließlich aufgrund gesetzlichen Zwangs ‚Sonntagsschulen' (auch ‚Feiertagsschulen' genannt) als Vorläufer der landwirtschaftlichen Berufsschulen. Erst 1938 wurde die Bezeichnung ‚Sonntagsschule' (benannt nach dem Unterrichtstermin) in ‚ländliche' und dann 1941 in ‚landwirtschaftliche Berufsschule' umgewandelt. Auch während des Dritten Reiches wurde nicht ganz auf die landwirtschaftlichen Fachschulen verzichtet. Sie hatten zusätzlich die Aufgabe, so eine Entschließung vom 29. August 1933, die Schüler *„nach völkischen Grundsätzen zu tüchtigen, aufrechten Volksgenossen und*

Bauern zu erziehen". Die ideologischen Grundlagen des NS-Staates mußten im Rahmen des Unterrichts gebührend herausgestellt werden, und die Schule durfte die bäuerliche Jugend keinesfalls dem Beruf entfremden.

Relativ früh kam das landwirtschaftliche Schulwesen nach Ende des Zweiten Weltkriegs auf Fachschulebene wieder in Schwung. 1946 wurde in Donauwörth bereits eine Landwirtschaftsschule neu errichtet.

Doch wie ist es um das landwirtschaftliche Schulwesen heute bestellt? Hier ist die Tendenz vor allem im Berufsschulbereich steil sinkend. Während in Niederbayern im Schuljahr 1985/86 noch 292 und in der Oberpfalz 173 Volksschulabgänger die landwirtschaftliche Berufsschule besuchten, konnten 1990 nur mehr 142 (Niederbayern) bzw. 73 (Oberpfalz) im tierischen Unterrichtsbereich gezählt werden; im pflanzlichen Bereich waren es 1985/86 84 in Niederbayern und 64 in der Oberpfalz, 1989/90 109 in Niederbayern und nur noch 29 in der Oberpfalz.

Auf bayerischer Ebene haben sich die landwirtschaftlichen am elterlichen Hof wie auch außer Haus in den vergangenen vier Jahren um fast 30 % reduziert. Doch das Spektrum der landwirtschaftlichen Ausbildung ist in Bayern vielfältig. So werden hier – neben dem Berufsbild Landwirt – auch noch Ausbildungsmöglichkeiten als Hauswirtschaftler, Winzer, Tierwirt, Pferdewirt, Fischwirt, Teichwirt, Forstwirt, Revierjäger, Molkereifachmann und als milchwirtschaftlicher Laborant angeboten.

Fachschulbildung für agrarwirtschaftliche Dienstleistungsberufe gibt es in Ostbayern in Landshut-Schönbrunn (Fachrichtung Gartenbau sowie ökologischer Landbau) und in Rotthalmünster (Hauswirtschaft und Ernährung).

In ganz Bayern haben immerhin noch 67 landwirtschaftliche Berufsschulen, 80 land- und forstwirtschaftliche Fachschulen und zwei Fachakademien Bestand. Aufgrund der Ergebnisse eines zweijährigen Schulversuches wurde 1989 an den Landwirtschaftschulen das Pflichtfach ‚Naturschutz und Landschaftspflege' eingeführt.

Aufbauend auf dem Abschluß der Landwirtschaftsschule gibt es spezielle Unternehmerfortbildungen in der höheren Landbauschule in Rotthalmünster. Der Schwerpunkt des Unterrichts ist auf ein Managementtraining gerichtet, in dem die wirtschaftlichen Probleme des Betriebes im Mittelpunkt stehen.

Entgegen der sinkenden Berufsschülerzahlen ist das Interesse an der Fortbildung zum Landwirtschaftsmeister groß. 1990 legten in ganz Bayern 850 junge Bäuerinnen und Bauern als künftige Ausbilder und Betriebsleiter diese Prüfung ab. Der Staat hilft hier mit Zuwendungen von bis zu 3000 Mark pro Person.

Auch Nebenerwerbslandwirten soll künftig eine größere Bildungschance zukommen. In zwei Wintersemestern mit insgesamt 400 Unterrichtsstunden sollen sie auf die veränderten Zukunftaufgaben vorbereitet werden, um somit auch ihre ‚Überlebenschancen' zu stärken.

Lesestoff aus
Volkskalendern und ‚Wochenblättern'

Kommt die Rede auf Bildung und Lesestoff der Bauern, so ereifern sich Städter auch heutzutage noch oft in Operettenmanier, wenn sie als Reaktion darauf unwissend das Lied des Schweinezüchters aus der Operette ‚Der Zigeunerbaron' singen, *„Ja, das Schreiben und das Lesen, ist nie meine Kunst gewesen . . .".* Doch es ist keineswegs so, daß die Bauern früher ganz und gar auf Lesestoff verzichtet hätten. Bereits im 18. Jahrhundert nutzten für die damalige Zeit fortschrittliche Bauern die wenigen auf dem Markt befindlichen landwirtschaftlichen Jahrbücher und Hauskalender wegen ihrer belehrenden Artikel. Diese bezogen sich aber nicht nur auf den Ackerbau und die Viehzucht, sondern auch auf das Gesundheitswesen und vor allem auf die Weltereignisse.

Gegen Ende des 18. Jahrhunderts entwickelten sich bereits die ersten Fachzeitschriften. So standen der ‚Ökonomische Hausvater' der ‚Sittlich-ökonomischen Gesellschaft' von Altötting bzw. Burghausen und später dann das ‚Wochenblatt des Landwirtschaftlichen Vereins in Baiern' zur Verfügung. Dennoch besagt ein Zitat des Jahres 1788: *„Bücher gehören ja gar nicht fürs Landvolk. Seine Sachen sind Acker und Pflug, Holz- und Feldbau, Viehzucht und Wirtschaft."* Die Obrigkeit spornte also von sich aus den Wissensdurst der Bauern nicht besonders an.

Natürlich hatte man nichts gegen die Bibel, Gesangs-, Gebets- und Erbauungsbücher. Diese wurden nicht in Buchhandlungen, sondern von den übers Land reisenden Ordensleuten oder deren Vertretern erworben, was noch bis in die Jahre nach dem Zweiten Weltkrieg häufig Praxis war.

Vielfach traf das zu, was Heinrich Gottlieb Zerrenner (1750–1811) in seinem Buch ‚Volksaufklärung, Uebersicht und freimüthige Darstellung ihrer Hindernisse nebst einigen Vorschlägen denselben wirksam abzuhelfen' geschrieben hat: *„Viele (gemeint sind die Bauern, Anm. des Verfassers) lesen wirklich – aber was lesen sie? Ihre ganze Lektüre sind etwa der Kalender, das Gesangbuch und einige von Groß- und Urgroßvätern ererbte elende Tröster, womit sie ihre Winter- und Sonntagabende hinbringen – auch wol solche elende Scharteken, die auf den Jahrmärkten verkauft werden, oder womit arme Weiber und abgedankte Soldaten hausiren gehen: Armesünder- und Liebeslieder, Wunderhistorien von verwünschten Schlössern und Prinzessinen, vom gehörnten Siegfried, die schöne Magellone, der Eulenspiegel u. s. w. das ist so ungefähr des Bauern Bibliothek, wen sie wohl besetzt ist."*

Doch mit dem Lesen war es selbst im Jahre 1897 nicht allzuweit her, wie Jeremias Gotthelfs ‚Bauern-Spiegel' zu verstehen gibt: *„Buchstabieren aus dem Na-*

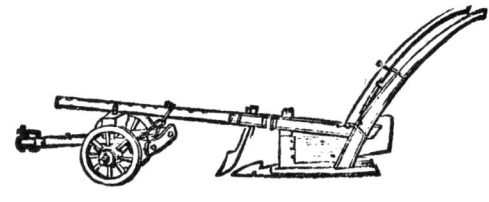

Wochenblatt
des
landwirthſchaftlichen Vereins
in Baiern.

Jahrgang III.   Nro. 18.

2. Februr 1813.

Angelegenheiten des Vereins.

82.

Verzeichniß
der vom 21. bis 28. Jän. 1813 beigetretenen ordentlichen Mitglieder.

977. Bram, k. Landrichter zu Vilsbiburg (Bezirk München).

978. Fiechtner, Joh. Georg, bürgerlicher Bierbrauer in Altomünſter, Landgerichts Aichach (Bezirk München).

mensbuch ins Fragenbuch . . . – Weiter hatte ich es bei meinen Eltern nicht gebracht, sie hatten an andere Dinge zu denken als ihre Kinder lesen zu lehren. Gelernt hatte ich in der Schule soviel als nichts. Lesen konnte ich, aber was ich gelesen, schwatze ich nie aus, denn ich verstund es nicht."

Die Dauer der Schulzeit war in Bayern nach Einführung der allgemeinen Schulpflicht im Jahre 1802 auf sechs Jahre ausgerichtet – vom sechsten bis zum zwölften Lebensjahr. Die Länge und die Einteilung der einzelnen Schuljahre war sehr unterschiedlich. Unterricht erteilt wurde ohne Ferien das ganze Jahr hindurch, weil man die zahlreichen kirchlichen Feiertage als ausreichende Unterbrechung erachtete. Eine extrem andere Regelung sah nur Unterricht von Michaeli (29. September) bis Georgi (23. April) als Unterrichtszeit vor. Landesweit war es, so die Aufzeichnungen von J. v. Hazzi, selbst 1809 noch nicht weit her mit dem Schuleifer und den dafür gebotenen Möglichkeiten. So schreibt er über die Bevölkerung im Gerichtsbezirk Zwiesel: „Lesen und Schreiben ist hier etwas höchst seltenes; wer diese Kunst versteht, wird von ihnen ein Schriftgelehrter genannt und sehr verehrt." Und im Gerichtsbezirk Mitterfels: „Schulen und öffentliche Anstalten mangeln hier ganz." Nicht viel anders die Situation in Schwarzach: „Auch hier fehlen alle öffentlichen Anstalten. Es ist daher kein Wunder, daß kein Mensch lesen noch schreiben kann . . ."

Wenn es auch recht kritische Beurteilungen zu den Kalender- und Jahrbüchern gab, so gelten gerade diese Schriften als die erfolgreichsten, waren sie doch mit Informationen zu Ackerbau und Viehhaltung ausgestattet. Der Agrarhistoriker Klaus Herrmann stellte in seinem im Jahre 1976 in der Bildungsstätte des Bayerischen Bauernverbandes in Herrsching gehaltenen Vortrag ‚Bauern und ihre Bücher' fest: „Die bei den Bauern bis 1830 anzutreffende Agrarliteratur war, zieht man ein Fazit, bescheiden genug! Weit weniger aber noch befanden sich bei ihnen ganze Bibliotheken. Auch hierbei bestätigten

Ausnahmen die Regel, insgesamt aber trifft zweifellos zu, was der Pädagoge Johann Carl Curio (1754–1815) 1804 in seinem Gedicht ‚Das Landleben' so in Verse faßte:

‚Doch deines Prunks von Bücherschränken
Bedarf er nicht; sein Buch ist die Natur.
Und seine Lehrerin im Denken
Ist die bedachtsame Erfahrung nur.'

Wenn es aber dennoch Bibliotheken auf dem Lande gab, dann handelt es sich durchwegs um Gutsbibliotheken. Dr. Rottmanner hatte es auf seinem Gut Ast bei Landshut zu Beginn des 19. Jahrhunderts auf respektable 3300 Bände gebracht."

— 272 —

nen Wohlstand der ausgedehntesten Fabrike im Staate, und seiner größten Fabrikanten, der Landwirthschaft und Ackersleute nämlich, zu erhöhen, als das ebenerwähnte. Salzburg in der Sitzung des Bezirks-Comité des Landwirthschaftlichen Vereins, den 10. Dec. 1812.

Fridrich Graf Spaur,
Domherr, Sekretär.

Berichtigung von Druckfehlern in Nro. 16.

S. 247. Z. 13 von oben, statt Anordnung lies Arrondirung. Ebend. Z. 1 von unten, st. solirten l. isolirten. S. 252. Z. 2 von unten (st. 3) l. 5).

Münchner Getreid-Schranne, am 23. Jän. 1813.

Schrannen-Stand.	Weitzen. Schäffel	Roggen. Schäffel	Gerste. Schäffel	Haber. Schäffel
Voriger Rest .	246	176	330	73
Neue Zufuhr .	1353	966	2034	693
Ganzer Stand.	1599	1142	2364	766
Verkauft . .	1415	1003	2156	706
Rest	184	139	208	60

Getreide-Preise.	fl.	kr.	fl.	kr.	fl.	kr.	fl.	kr.
Höchster . .	25	54	15	52	10	16	6	25
Mittlerer . .	24	57	15	7	9	40	5	56
Geringster . .	22	57	13	2	8	51	5	22
Der mittlere Preis ist								
Gestiegen um .	—	22	—	41	—	10	—	4
Gefallen um .	—		—		—		—	

Aus: ‚Wochenblatt des landwirthschaftlichen Vereins in Bayern' vom 26. 1. 1813.

Wurde ein Buch in einer Sprache verlegt, die auch der Bauer verstehen konnte, so war der Erfolg vorprogrammiert. Ein Buch von Pfarrer Sebastian Kneipp, erstmals erschienen 1874, konnte sich über zwanzig Jahre hinweg in mehreren Auflagen auf dem Markte halten. Denn, so sein Motto: *„Ich spreche für den Bauersmann, daß jeder mich verstehen kann."*
In der Oberpfalz beschäftigte sich der Regensburger Drucker und Verleger Friedrich Pustet schon sehr früh mit der Herausgabe von Agrarliteratur.

Doch die einfache Bauers- und Häuslersfamilie begnügte sich bis zu Beginn des 20. Jahrhunderts weitgehend immer noch mit den Hauskalendern wie den religiösen Andachtsbüchern und Heiligenlegenden, die vor allem von ihrer Aufmachung her bestachen und den Tod der Märtyrer in den oft grausigsten Darstellungen illustrierten.

Selbst im Jahre 1902 gab es im Gebets- und Erbauungsbuch für Katholiken ‚Vater, ich rufe Dich!' noch ein eigenes Gebet für ‚Diener', in dem es mit oberhirtlicher Druckbewilligung heißt: *„Mein Gott, Du willst, ich soll mich im Dienste heiligen. Ich bin mit dem Stande, zu dem Du mich berufen hast, ganz zufrieden; nahm doch selbst dein Sohn Knechtsgestalt an. O laß mich meinen Obern so gehorchen, als wenn Du selbst mir befehligen würdest; flöße mir eine ehrfurchtsvolle Liebe gegen sie ein. Laß mich treu gegen sie sein, und ihr Gut wie mein eigenes ansehen und erhalten. Laß mich sie ehren und ihnen getreu anhangen, überhaupt dasjene tun, was zu ihrem und zu meinem Besten gereicht."*

Einigkeit macht stark –
bäuerliches Organisationswesen

Erst mit der Aufklärung kam die Landwirtschaft ins Blickfeld des gesamtgesellschaftlichen Interesses. Wurde noch im 16. und 17. Jahrhundert der Bauer vom Adel häufig als plumper Tölpel, als Zielpunkt von Spott und Verachtung betrachtet, so erklärte Friedrich der Große: *„Die Landwirtschaft ist die erste aller Künste; ohne sie gäbe es keine Kaufleute, keine Dichter und Philosophen. Nur das ist wahrer Reichtum, was die Erde bringt.“* Welche Bedeutung die Landwirtschaft für breite Kreise der Öffentlichkeit bekam, spiegelt sich in den landwirtschaftlichen Organisationen, die in allen Teilen Deutschlands gegründet wurden. Damit begann gleichzeitig die ‚Verwaltung der Bauern‘, die speziell am Anfang fast ausschließlich durch Adelige, Gutsbesitzer, Geistliche und Gelehrte betrieben wurde. 1765 bereits wurde die Kurbairische Landesoekonomiegesellschaft zu Altötting (später Burghausen) gegründet. Unter den 121 Mitgliedern befand sich ein einziger Bauer, Johann M. König aus der Nähe von Deggendorf. Und auch dieser war zudem noch Geometer und Wirt.

Auch der 1810 gegründete Landwirtschaftliche Verein wies anfänglich einen sehr elitären Mitgliederkreis auf. Erst ab etwa 1850 konnte sich der Verein zur Massenorganisation und damit zur Vertretung der bäuerlichen Interessen entwickeln.

Bereits seit der Bauernbefreiung beklagten konservative Kräfte den ‚Niedergang des Bauernstandes‘, der tatsächlich aufgrund der veränderten wirtschaftlichen Rahmenbedingungen einige Jahrzehnte später einsetzte. Die Folge davon war die Gründung christlicher Bauernvereine, die sich als Opposition zur Bismarckschen Reichsgründung verstanden und sich gegen liberale und glaubensfeindliche Tendenzen wandten. 1869 wurde in Ober- und Niederbayern je ein Bauern-

Aus dem ländlichen Idyll nicht wegzudenken: das sich im Hofraum zum Fressen versammelnde Federvieh.

verein ins Leben gerufen mit Sitz in Tuntenhausen und Deggendorf. Bereits im Gründungsjahr zählte der Verein in Niederbayern 7000 Mitglieder.

1893 wurde in Straubing der Niederbayerische Bauernbund gegründet – als Dachorganisation 1895 in Regensburg der Bayerische Bauernbund. Als Ursache ist die Agrarkrise der 1890er zu sehen.

„Der Bayerische Bauernbund ist nicht nur aus Opposition gegen Adel, Klerus und den vom Großbauerntum geführten Christlichen Bauernvereinen entstanden, sondern ist ein erstes Sturmzeichen ähnlich der Gründung des Bundes der Landwirte gegen die seit 1890 (Capriviverträge) ruckartig fortschreitende Industrialisierung und die dadurch beschleunigte Umwandlung der Agrar- und Handwerksstruktur in eine Industriekultur", schrieb Karl Bosl 1965 in der Festschrift für Max Spindler.

Trotz des verstärkten politischen Engagements konnten die Bauernvertreter den langsamen Bedeutungsverlust und die wirtschaftlichen Verschlechterungen der Landwirtschaft nicht verhindern. Auch den Bauernräten gelang dies nicht. Im wesentlichen rekrutierten sich diese aus dem linken Flügel des Bauernbundes unter maßgebender Leitung des niederbayerischen Bauern Karl Gandorfer aus Pfaffenberg bei Mallersdorf.

In der Weimarer Republik konnte der Bauernbund als Spitzenergebnis 17 von 128 Parlamentssitzen erringen. 1939, nach der Machtergreifung durch die Nationalsozialisten, löste er sich auf; seinen Mitgliedern wurde empfohlen, den NS-Organisationen beizutreten. Im Reichsnährstand, in welchem die Bauern Ostbayerns in der ‚Landesbauernschaft Bayerische Ostmark' eingegliedert waren, wurde den Landwirten eine scheinbare Aufwertung durch die ‚Blut-und-Boden-Ideologie' zuteil.

„Deutschland übernimmt die Führung des arischen Volkstums der ganzen Welt mit dem Entschluß: Zurück zum Bauerntum als Bollwerk gegen die internationale Weltunkultur jüdischer Herkunft und gegen den Untergang des Abendlandes", schrieb der Leiter des ‚Arbeitsamtes' der deutschen Bauernhochschule, Hellmuth von Müller-Berneck, bereits 1924 in der ‚Deutschen Bauernhochschule'.

Nach dem Ende der totalitären nationalsozialistischen Herrschaft galt es auch für die Vertretung der Bauern einen Neuanfang zu finden. Zielvorstellung war eine Organisation mit freiwilliger Mitgliedschaft, größtmöglicher Freiheit und ebensolcher Unabhängigkeit vom Staat. Als Ergebnis zahlreicher Vorverhandlungen wurde 1945 der Bayerische Bauernverband (BBV) gegründet und vom Staat als Körperschaft des öffentlichen Rechts anerkannt.

‚Bäuerliches' als folkloristisches Abziehbild

Romantisierung des Bauerntums im 18. und 19. Jahrhundert

Gäbe es keine Bauern, man müßte sie erfinden. Vielfältig ist ihre Einsatzmöglichkeit als Klischeeträger. Die vornehmste Rolle jedoch wird dem Bauern als imagestrotzendem Vertreter einer ganzen Region einschließlich seiner Bewohner zuteil, nämlich Bayern.

Dem imaginären Bauern, der in der Vorstellung betonblockmüder Großstädter und in den Überlegungen cleverer Verkaufsstrategen lederbehost und kraftstrotzend unter weißblauem Himmel seine glockenbehangenen Kühe auf die bunte Blumenwiese treibt, wird ohnehin eine bessere Zukunft beschieden sein als den realen – hart um ihre Existenz kämpfenden – bayerischen Landwirten. ‚Bäuerliches' als Fiktion, als Klischee hat Hochkonjunktur. Eine Hochkonjunktur, die bereits so lange währt, daß man sich daran gewöhnt hat und es höchstens noch einige ausländische Gäste verwundert, wenn der Friseurladen als ‚Frisierstadl', das mehrgeschossige Parkhaus mit großen Lettern als ‚Parkstadl' deklariert wird, der Bauernmöbelhersteller eine Hi-Fi-Truhe ‚Typ 1800', wahlweise ‚Typ 1700' anbietet oder Wohnwägen auf Dauercampingplätzen mit ‚Almhüttenverkleidungen' auf traditions- und landschaftsgerecht getrimmt werden!

Doch sind Klischees im allgemeinen und hier im speziellen die Vorstellung vom Bauernstand keine Angelegenheit allein der Gegenwart. Egal, ob bäuerliche Stereotypen bislang im Dienste nationalen Gedankengutes, der Verkaufsförderung oder der Kompensation von Auswirkungen der modernen Industriegesellschaft standen – ihr Ursprung ist seit mehr als 200 Jahren fast durchwegs auf eine Romantisierung bäuerlichen Daseins zurückzuführen. Daß eine ‚Charakterisierung' der Bauern häufig gleichzusetzen war mit der der Bayern, ist damit zu erklären, daß noch vor 100 Jahren

über 60 % der bayerischen Bevölkerung in der Landwirtschaft tätig waren.

Wie kam es nun dazu, daß der Stand, der lange Zeit überhaupt keine Beachtung gefunden hat, Ende des 18. Jahrhunderts plötzlich zum Vertreter des einfachen und glücklichen Lebens einer heilen bäuerlichen Welt hochstilisiert wurde? Aufklärung, Rationalismus und freiheitliches Gedankengut brachten im 18. Jahrhundert die festgefügte europäische Welt ins Wanken. Bislang gültige Ansichten über Gesellschaft, Religion und Wirtschaft wurden durch neue Ideen erschüttert.

Auf der anderen Seite äußerte sich die Zivilisationsmüdigkeit in der Verklärung bäuerlichen Lebens. Rousseaus Schlagwort *„Revenons a la nature"* (Zurück zur Natur) hatte einen für damalige Zeit ungeheuren Bekanntheitsgrad, speziell in der höfischen Gesellschaft. Für die feudale Schicht war es in der zweiten Hälfte des 18. Jahrhunderts eine Modeerscheinung, sich ‚bäuerlichen Spielen' hinzugeben und in den Schloßgärten rustikale Gebäude errichten zu lassen. So fand die ländliche Idylle in den bäuerlichen Gehöften der Parks Petit Trianon und Chantilly nahe Paris ebenso ihre Wertschätzung, wie sie durch den Bauernhof im Park von Versailles zum Ausdruck kam, in welchem Königin Marie Antoinette abends eigenhändig die Ziegen in einen Porzellaneimer molk. In München entdeckte die Hofgesellschaft in dieser Zeit ihre Vorliebe für Bauernhochzeiten. In den Schlössern Nymphenburg und Schleißheim zogen sich Kurfürst und Gefolge bäuerliche Trachten über und spielten Bauernhochzeit.

Ende des 18. Jahrhunderts begann gleichzeitig die ‚Entdeckung Oberbayerns', der Region, in welcher eine Vielzahl der bäuerlichen Klischees ihren

Ursprung hat. Vor allem der Adel war es, der aus München zu Jagdausflügen und Heilbäderbesuchen ins Alpenvorland reiste. Allmählich beginnende Reisebeschreibungen brachten erstmals Ausführliches über Land und Leute, darunter auch Beschreibungen über Aussehen, Lebensgewohnheiten, Sitten, Gebräuche und Trachten der bäuerlichen Bevölkerung. Während sich Hof und Adel ausschließlich Oberbayern zuwandten, veröffentlichten Geistliche und Gelehrte wie Schrank, Riesbeck, Hazzi oder Pezzl eine Fülle von detaillierten Berichten aus dem ganzen Land. Im Gegensatz zu der Zeit nach 1810 waren sie im Geist der Aufklärung verfaßt; Erziehung, Bildung und Kultivierung des Bauernstandes galten als erklärtes Ziel.

Dennoch lieferten sie für ein folkloristisches Bauernbild nicht weniger Verwertbares als die nachfolgenden romantisierenden Texte. Wenn auch nur regional von Bedeutung, so berichtete Hazzi dennoch genau von den Phänomenen, die später auf die bayerischen Bauern schlechthin übertragen wurden: rauflustig (Rottal), wilddiebisch (Bad Tölz) und dem Wirtshaus und Schnupftabak angetan. Über das Gericht Zwiesel heißt es: *„Die ledigen Burschen, so bald sie nur einige Kreuzer verdienen, besuchen zeitlich die Wirthshäuser, gehen zum Tanz und schnupfen gemachten Bresil. Tabak wird hier nicht geraucht. Der sogenannte Schmalzler, ein Bresiltabak, der in einem irdenen runden Gefäß, das in der Mitte einen Zapfen von 1 1/2 Zoll hat, in dessen runder Fuge vermittelst einer höhernen Reibstange fein gerieben und sodann mit Schmalz und wenig Kalk vermengt wird, ist in dieser Gegend ein Hauptbedürfnis, woran sich jeder Bursch von 14 Jahren gewöhnt und daher sein eigenes geschliffenes Tabakgläschen von verschiedenen Farben führt."*[26])

Entscheidendes für die verzerrte Charakterisierung der Bayern als tölpelhafte Bierbauchträger mit kurzen Beinen und eingeschränktem Verstand – ein Klischee, das wegen seiner Komik überall bereitwillig aufgenommen wurde – hat

die Beschreibung von Riesbeck aus dem Jahre 1783 beigetragen. Riesbeck wurde von seinen Zeitgenossen wegen seiner bissigen, oft satirischen und derben Sprache gerne gelesen.

„Im Ganzen ist der Bayer stark von Leibe, nervigt und fleischigt . . . Das Eigne eines Bayern ist ein sehr runder Kopf, nur das Kinn ein wenig zugespitzt, ein dicker Bauch, und eine bleiche Gesichtsfarbe. Es giebt mitunter die drolligsten Figuren von der Welt, mit aufgedunsenen Wänsten, kurzen Stampffüssen und schmalen Schultern, worauf ein dicker runder Kopf mit einem kurzen Hals, sehr seltsam sitzt, und in diese Form pflegt gemeiniglich der Bayer zu fallen, wenn er mehr oder weniger Karrikatur seyn soll. Sie sind etwas schwerfällig und plump in ihren Gebehrden, und ihre kleinen Augen verrathen ziemlich viel Schalkheit."[27]

Wenngleich der Quellenwert von Riesbecks Beschreibung als gering zu achten ist und er wegen dieser Passage von späteren Publizisten heftig attackiert wurde, so enthält sie dennoch den ersten Hinweis darauf, daß das Tölpelklischee eine Rolle verkörpern kann, die so mancher in bestimmten Situationen ganz bewußt und gerne zu spielen bereit ist. Doch davon später.

Nicht alle aufgeklärten Schriftsteller jener Zeit charakterisierten so bissig und überspitzt. Vor allem wenn es um die Beschreibung von Frauen ging, steuerten die ansonst kritischen Geister geradlinig auf eine romantisierende Betrachtungsweise zu.

„Die Mädchen von Straubing, und um Straubingen sind fast durchgehends sehr schön. Sie haben etwas weniger Fett, als die Passauerinnen, und etwas mehr Geist als die oben . . . Wirklich, du würdest nicht wissen, wohin du dein Aug wenden solltest, wenn du so auf allen Seiten die niedlichsten und nettesten Bauernmädchen vor dir und neben dir herumspatzieren sähest. Sie sind fast alle wohl gewachsen, haben einen kernhaften Körper und die gesündeste und blühendste Gesichtsfarbe. Du siehst keine Leidenschaft in ihren Mienen, als den simplen Ausdruck der Natur, und den Genuß eines frohen zufriednen mangel- und kummerlosen Lebens.

Was ihre Schönheit noch mehr erhöht ist die Kleidung, so sie tragen . . ."[28])
Kleidung, gemeint ist in diesem Zusammenhang Tracht, bäuerliches Leben und vor allem eine heile Alpen- und Voralpenlandschaft, das waren die Hauptthemen, denen sich ab 1800 nun auch die Münchner Maler zuwandten. Genrema-ler wie Heß, Kobell, Quaglio, Dillis u. a. vertauschten in den Sommermonaten ihre Münchner Refugien mit Quartieren im Voralpenland – häufig Bauernhöfen. Sie leiteten das Zeitalter der Sommerfrische ein, das in der Folge ungezählte wohlsituierte Münchner Bürger ins Oberland, an Schliersee und Tegernsee

Vor der Almhütte, von Lorenz Quaglio, nach einem Ölgemälde, 1826.

zog. Damit begann das Interesse der Städter an bäuerlichem Leben.

Adel und gehobenes Bürgertum wußten sich noch dazu im Gleichklang mit dem Königshaus, das in der oberbayerischen Bergwelt seinen Jagdvergnügungen nachging. Die Zeit der großen höfischen Parforce- und Treibjagden des 18. Jahrhunderts war vorbei, die individuelle, ‚einfache‘ Jagd war nun in Mode. Die passende Jagdkleidung empfand man wegen ihrer Zweckmäßigkeit der Jäger- und Bauerntracht des Oberlandes nach. König Max' II. Vorliebe für ‚Jägertracht‘ ist ebenso bekannt wie die seiner Nachfolger. Auch das lodene Trachtenkostüm für die Dame geht auf die höfischen Jagdausflüge jener Zeit zurück. Was dem Königshaus recht, konnte Adel und nachfolgend dem Bürgertum nur billig sein.

Stark gesteigert wurde der Bekanntheitsgrad der oberbayerischen Trachten und damit auch die klischeehafte Verbindung von Bayern und Tracht durch das Münchner Oktoberfest. Seit der Jahrhun-

Bäuerliches Paar aus Straubing, v. Ludwig Neureuther, nach einem Aquarell, Anfang 19. Jahrhundert.

dertwende hatten Maler wie Neureuther, Quaglio oder Lipowsky detaillierte Trachtenstudien gefertigt – vornehmlich aus Oberbayern, aber auch aus anderen Regionen. In München waren Trachtenlithographien damals bereits eine Modeerscheinung.

Der Maler und Archivar Lipowsky war es, der während des ersten Oktoberfestes, 1810, das Kronprinzenbrautpaar mit acht Kinderpaaren überraschte, die in speziell geschneiderte Trachten der acht bayerischen Kreise gekleidet waren. Diese erste Trachtenschau eröffnete eine lange Reihe von folkloristischen Trachtenpräsentationen im Rahmen der Aufmärsche während der Oktoberfeste. 1826 z. B. wurden die wichtigsten Wirtschaftszweige dargestellt, wobei ein Kinderpaar in Miesbacher Tracht die Tierzucht präsentierte, eines in Straubinger Tracht den Ackerbau usf. 1842 huldigten 36 Trachtenpaare aus dem ganzen Königreich dem Herrscherhaus, wobei diese von den Landgerichten nach bestimmten Kriterien (‚Tugend u. Sittsamkeit‘, ‚unverfälschte Tracht‘ u. a.) ausgewählt worden waren. Patriotischnationale und bäuerlich-folkloristische Elemente gingen bei derartigen Veranstaltungen Hand in Hand. Daß zu dieser Zeit bereits in einer Reihe von Orten keine bäuerlichen Trachten mehr getragen wurden, spielte eine sekundäre Rolle.

Auch der Rückgriff auf historische Muster war bereits in Übung. Einer der bekanntesten biedermeierlichen Reiseschriftsteller, Ludwig Steub, der zugleich durch seine Texte das ‚typische Klischeeoberbayern‘ entscheidend mitformte, schrieb über jenen Festzug:

„Da gab es viele wunderliche Trachten zu beschauen, die zum größten Teil noch jetzt im Ansehen sind, wenn auch hie und da mit lobenswertem Takt um einige Dezennien zurückgegriffen wurde, um alte funkelnde Prachtstücke, die jetzt aus der Übung gekommen, wieder glänzen zu lassen . . ."[29]

Das romantische Interesse an Bäuerlichem, bzw. an dem, was der Städter dafür hielt und womit er damals bereits eine heile, gesunde Welt assoziierte, war Mitte des 19. Jahrhunderts allgemein verbreitet und zeitigte die unterschiedlichsten Facetten. Herzog Max von Bay- ern z. B., ein Liebhaber von Loden- joppen, Stopselhüten und Zitherspiel, machte die Volksmusik und die Zither an vielen europäischen Herrscherhäusern hoffähig. König Max II. orderte gar

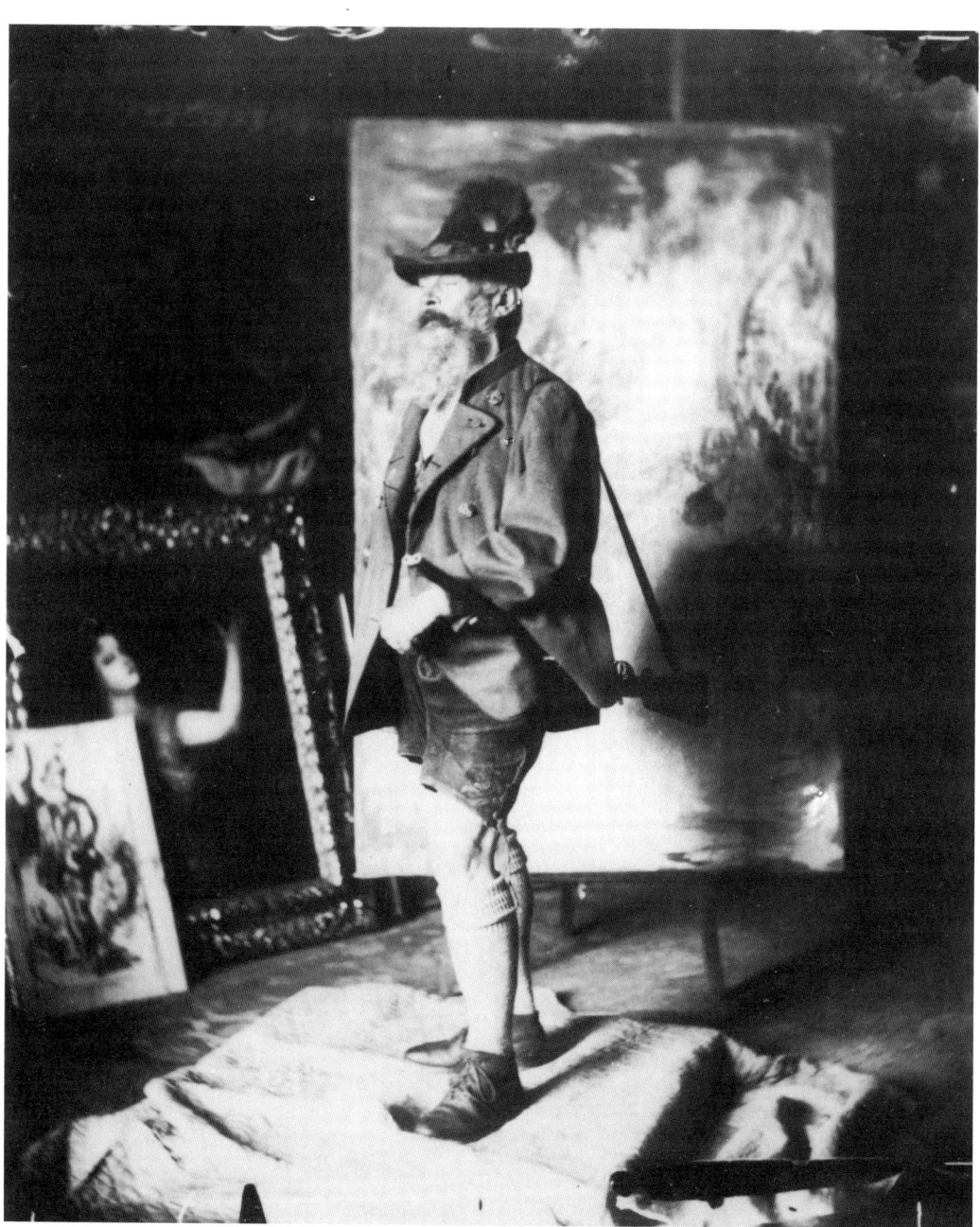

Prinzregent Luitpold in ‚Jägertracht' im Atelier, um 1900.

eine eigene Volksliedsammlung, die er dann 1858 auf seiner ‚Fußreise von Lindau bis Berchtesgaden' an den sangesfreudigen Teil seiner Untertanen verschenkte.

Daß diese erste bäuerliche Folklorismuswelle neben den Spielmöglichkeiten für die Oberschichten auch dem gemeinen Mann Perspektiven eröffnete, zeigte sich neben den neuen Einnahmequellen für die bäuerlichen Beherbergungsbetriebe in Oberbayern am besten durch die Geschwister Rainer aus dem Zillertal. Diese trugen das Bild des jodelnden und singenden Gebirgsbewohners bis nach Amerika. Gleichzeitig ist durch sie belegt, daß bereits im 19. Jahrhundert die Erfüllung klischeehafter Erwartungen den wirtschaftlichen Erfolg nachhaltig positiv beeinflußte.

Im Zillertal war von jeher die landwirtschaftliche Fläche begrenzt; viele mußten deshalb außerhalb des Tales ihren Lebensunterhalt verdienen. Im 18. Jahrhundert war der Ölhandel, folgend der Handschuhhandel weit verbreitet. Mit Liedern priesen die Zillertaler ihre Waren an. ‚Tirolerisches' sollte die Echtheit der Ware vorspiegeln. Die gespielte derbe Naivität öffnete sogar beim Adel Tür und Tor. ‚Tirolerisches' als Verpackung war genauso bedeutsam wie die Ware selbst. In der letzten Konsequenz wurde ‚das Tirolerische' schließlich selbst zur Ware. Das neue Verkaufsgut hieß Jodler und Gesang. Die berühmtesten Interpreten, die Geschwister Rainer, sangen nicht nur vor europäischen Königen, sie kamen mit ihren Liedern bis nach Amerika.

Worin lag nun das spezielle Geheimnis des Zillertaler Erfolgsgesanges, denn musikalisch waren auch andere? Was die Geschwister Rainer zu damaliger Zeit anzubieten hatten, entsprach in idealer Weise den Erwartungen der Hörer bzw. wurde speziell auf deren Bedürfnisse hin verändert. Das städtische Publikum wollte gebirglerische Idylle, und so wurden die Texte eben umgestaltet. Die Armut der eigenen Region,

ursprünglich der Grund, überhaupt außerhalb des Tales Waren zu vertreiben, wurde hochstilisiert zur heimatlichen Gebirgsidylle. Bereits 1862 wurde in den ‚Fliegenden Blättern' dieses Phänomen erkannt und karikiert. Eine Gesangsgruppe singt auf einem Bild in heimatlichem Umfeld – auf einer zweiten Darstellung vor städtischem Publikum. Dazu sind folgende Texte zu lesen:

> *Da Teufi soll's Almaleb'n hol'n!*
> *Du kriegst net amal an Branntwein,*
> *Aa wann d'n kunst zohl'n!*
> *Hoi die, hoi, dieeeh!*
> *Muuuuh!*
>
> *Ein Himmel ist's*
> *auf der Alpe da droben!*
> *Frei jauchzet der Geist auf,*
> *Still selig erhoben!*
> *Hoi die, hoi dieeeh!*
> *Juchuuuu!*[30]

Auch die Texte wurden länger, um das Gefühl der Zuhörer besser anzusprechen. Zugleich modifizierte man die Liedstruktur und baute häufiger Jodler ein, als Markenzeichen des Zillertaler Gesanges. Soweit dieser Exkurs über eine frühe Form des volksmusikalischen Folklorismus.

Seit Mitte des 19. Jahrhunderts mehrten sich die Reiseberichte, die in romantischer Manier das einfache Landleben schilderten und überzogen den kernigen und gesunden bäuerlichen Bewohner herausstellten. Langsam geriet auch der ostbayerische Bauer ins Blickfeld. Die idealisierenden Darstellungen des Oberlandes wurden nun leicht modifiziert auch dem Bayerischen Wald zuteil, über deren Bewohner Grueber, Professor für Baukunst in Prag, und Müller, ein niederbayerischer Adeliger, 1846 schrieben: *„. . . was den Volksverhältnissen ihren vorzüglichen Reiz verleiht,(ist, Anm. d. Verf.) der Umstand, daß im Ganzen hier noch viel Natürlichkeit herrscht, nicht sehr beeinträchtiget durch Kunst, Politik und Ueberbildung, daß mithin ein großer Theil der*

Menschen sich gibt wie er ist, und da offenbart sich denn vielfach ein gar tüchtiger kraft- und lebensvoller Kern."[31]

Und weiter ist zu lesen in völliger Verkennung der tatsächlichen Zustände gerade zu dieser Zeit: *„Dieser Fleiß, verbunden mit musterhafter Häuslichkeit und Genügsamkeit, verschafft dem Wäldler einen gesicherten Nahrungsstand, und man findet in seiner Sparbüchse häufiger einen Nothpfennig, als draußen in den stolzen Bauernhöfen des Donaugaues. Das tiefe Elend, unter welchem in manchen andern Gebirgsgegenden Deutschlands oft ein beträchtlicher Theil der Bevölkerung schmachtet, findet man im Walde nicht."*[32]

Bis gegen Ende des 19. Jahrhunderts dominierte die verklärende Betrachtungsweise über den Bayerischen Wald und seine Bewohner. So zeichnete Adalbert Stifter in Erinnerung an seine Kindheit ein erhabenes und ruhiges Gesamtbild, und auch Karl von Reinhardstoettner, ein Adeliger aus dem Bayerischen Wald, fand mehr wohlwollende und harmonisierende denn kritische Worte; ebenso Josef Schlicht, der über das bäuerliche Leben Niederbayerns schrieb.

Gleiches gilt für Paul Lindau, einen Berliner Publizisten, der freundlich, aber mit spitzer Feder und großstädtischer Arroganz über die Bewohner der Region berichtete: *„Und jedes Mal, wenn der Zug hält, sehen wir gesunde, frische Gesichter, – Leute, die sicherlich in den bescheidensten Verhältnissen des Daseins leben, aber damit ganz zufrieden zu sein scheinen, die offenbar von der Hast, dem Drängen, der Unruhe und den Leidenschaften der großen Stadt nichts wissen und nie den Stachel des Ehrgeizes in den Weichen gefühlt haben, die sich an der gewohnten Arbeit des Tages gewohnheitsmäßig abschinden, dem Herrn Pfarrer mit angeborenem und anerzogenem Respekt zuhören und vergnügt sind, wenn das Bier ihnen schmeckt. Und das Bier ist gut, es bekommt, und es wird in achtbaren Qualitäten verbraucht."*[33]

Des Bauern ‚heile Welt' als Verkaufsschlager

Zu der romantischen und unreflektierten Betrachtungsweise über den Bauernstand gesellte sich seit Ende des 19. Jahrhunderts das wissenschaftliche Interesse an Volkskunst und Heimatpflege. Eine neuerliche ‚bäuerliche Welle' trug unverkennbar bereits auch politische Intentionen.

Der beginnende Umbau vom Agrar- zum Industriestaat begünstigte diese Strömungen. So stieg die Zahl der in deutschen Großstädten lebenden Bevölkerung von 1871 bis 1910 von zwei auf 14 Millionen, die Zahl der Großstädte mit mehr als 100000 Einwohnern versechsfachte sich auf 48.

Zu dieser Zeit setzten erstmals auf breiter Ebene Diskussionen über die Auswirkungen der Landflucht und die Veränderungen der ländlichen Lebensweisen ein.

Der konservative Kulturhistoriker Wilhelm Heinrich Riehl hatte bereits um die Mitte des letzten Jahrhunderts die Befürchtung ausgesprochen, daß *„die Zunahme der großstädtischen Volksmassen zu einer wahrhaft vernichtenden Entscheidung für unsere ganze Civilisation"*[34] zu werden drohe. Die Großstadt galt als Ort des Sittenverfalls und des Lasters, des verarmten Proletariats und des Revolutionsgeistes.

Dem stellten um die Jahrhundertwende konservativ-agrarische, aber auch konservativ-bürgerliche Kreise die bäuerliche Kultur entgegen. Sie forcierten die Verklärung des ländlichen Raumes als Hort des Gesunden und Organischen. Träger dieser Wiederentdeckung bäuerlichen Kulturgutes waren neben zum Teil staatlich unterstützten Institutionen hauptsächlich die volkskundlichen Vereine, die ab 1844 ins Leben gerufen wurden. Die Vorstände dieser Vereine setzten sich zumeist aus Architekten, Künstlern, Geistlichen, Beamten und Wissenschaftlern zusammen. Stellvertretend für alle derartigen Vereine für

Volkskunst, Volkskunde, Mundartpflege u. a. steht die Zielsetzung der Münchner Vereinigung, nämlich *„. . . auf dem Lande Vorhandenes und Überliefertes in Bau und Einrichtung des Hauses, sowie Sitten, Gebräuche und Sagen zu sammeln"*, ferner *„das Verständnis für das Überkommene wieder zu erwecken, die alten Kunstformen wieder praktisch zu verwerthen und die Handwerker zur Benutzung der alten Vorbilder aufzumuntern"*[35]. Bei der Forschungs- und Sammeltätigkeit folgte man hauptsächlich ästhetischen und künstlerischen Kriterien.

‚Volkskunst' wurde gleichgesetzt mit ‚Bauernkunst'. Diesem Begriff ordnete man nahezu alles unter, was in vergangener Zeit an schön gestalteten und verzierten Gebrauchs- und Schmuckgegenständen in den Bauernhäusern anzutreffen war. Die schönen einfachen Objekte aus Kästen und Truhen stilisierte man zum Inbegriff des Natürlichen hoch – als Gegenwelt zu der zunehmenden Massenproduktion einer verstädternden Welt. Was damals als ‚Kunst der Bauern' gepriesen wurde, war in Wirklichkeit nur ‚Kunst für die Bauern'. Bei den Kunstschaffenden handelte es sich nämlich fast ausschließlich um professionelle Handwerker; die begüterten Bauern traten lediglich als Auftraggeber, als Konsumenten, zutage.

Das tat jedoch der folkloristischen Massenbewegung jener Zeit keinen Abbruch. Die Öffentlichkeitsarbeit der volkskundlichen Vereine stieß mit Vorträgen und Publikationen auf große Resonanz. Zu ihren Vorträgen über ‚Volkskunst' und heimische Bauweise kamen nicht selten viele hundert Zuhörer, z. T. aus über 20 Kilometer Entfernung auf Leiterwagen unter Führung der Bürgermeister. Anfang des 20. Jahrhunderts bereits zierten – ähnlich den ‚ethnographischen Dörfern' der ‚Weltausstellungen des 19. Jahrhunderts' – alte Bauernhäuser und -stuben die bayerischen Gewerbe- und Landwirtschaftsausstellungen.

Die Objekte der Agrarromantik waren zu diesem Zeitpunkt bereits der Vermarktung ausgesetzt. Dies belegt das Beispiel eines Bankdirektors, der die am Zentrallandwirtschaftsfest von 1905 aufgebaute Kopie eines historischen Bauernhauses aus den Bergen für 9000 Mark erwarb und sie am Starnberger See als Sommerresidenz aufstellen ließ. Auch die im selben Jahr in München eröffneten Verkaufsstellen für Volkskunst wiesen in dieselbe Richtung. Angeboten wurden u. a. bäuerliche Töpferwaren, Berchtesgadener Spielzeug und andere Zeugnisse der Volkskunst.

Die kommerzielle Nutzung der Agrarromantikbewegung wurde durch die volkskundlichen Vereine zwar bekämpft, angesichts der Tatsache, daß die Beschäftigung mit ‚Bauernkunst' zur Modeerscheinung geworden war, jedoch mit nahezu keinerlei Erfolg. In der Zeitschrift für Volkskunst und Volkskunde aus dem Jahre 1905 ist darüber zu lesen: *„Die ‚Händler', im engeren Sinne die ‚Antiquitätenhändler' und ihre Agenten*

Bodenmaiser in Fremdenführerkleidung, 1932.

auf dem flachen Lande, das sind diejenigen, welche ununterbrochen Stadt und Land nach den Werken unserer Vorfahren durchsuchen – die Händler sind es, welche die besten Erzeugnisse der Kunstfertigkeit unserer Väter der Heimat entreißen, und nimmer fern ist die Zeit, wo man in den Städten von Volkskunst sprechen wird, während das Volk draußen schon aller Schöpfungen und Vorbilder beraubt ist . . . Indes, die Zeiten ändern sich, in den großen Städten stieg die Nachfrage nach altem Hausrat, der Bauer wurde wohl klüger, nicht besser. Der Händler hatte es allmählich soweit gebracht, daß das Volk im weitesten Sinne den altererbten Hausrat nur mehr mit den prüfenden Blikken eines Taxators betrachtete.“[36]

Bunt bemalte Bauernschränke und Truhen, Hinterglasbilder, bäuerliche Heiligenfiguren u. ä. – das waren die begehrten Sammelobjekte, die die Häuser einer bürgerlichen Oberschicht schmückten.

Aber auch Volkslied und Brauchtum hatten in den ersten drei Jahrzehnten des 20. Jahrhunderts Hochkonjunktur. Diese Hochkonjunktur führte schließlich auch aus kommerziellen Interessen zu einer weiteren Verstärkung des Klischeecharakters bäuerlicher Objekte und Phänomene; zudem tauchten Imitate und Neuschöpfungen am ‚agrarhistorischen Warenmarkt' auf. Damit begannen gleichzeitig die z. T. bis in die Gegenwart anhaltenden Diskussionen um Fragen der ‚Echtheit'.

Hans Karlinger schrieb 1928 bezüglich der Erhaltung des Traditionellen: *„Daß damit nicht jene seichte, und wirklichkeitsferne Verspieltheit gemeint ist, welche historisch sein sollende Maskeraden für Heimattum ausgibt, versteht sich von selbst – ihr und ihrer billigen Sentimentalität hat es die Heimatbewegung allerdings zu danken, daß sie zunächst bei vielen Ernstdenkenden in Mißkredit gekommen ist und daß heute ernsthafte und sachliche Künstler ihre Schöpfungen immer wieder gegen die Gründer parfümierter Bauernhäuser und nagelbeschuhter Edelweißpolitik – die in breiten Kreisen auch heute noch als Symptom des Heimatgefühls gelten – durchkämpfen müssen.“*[37]

Was Karlinger als folkloristische Erscheinung anprangerte, hatte zu dieser Zeit bereits in Oberbayern, der bayerischen Keimzelle des Fremdenverkehrs, voll Fuß gefaßt.

1883 wurde in Bayrischzell der erste ‚Verein zur Erhaltung der Volkstracht' gegründet. Wenig später zogen viele andere Gemeinden im Oberland nach, und wieder wenig später hatte man die Trachtenvereine bereits fest in die touristischen Veranstaltungsprogramme integriert. Zum Gaufest 1898 in Ruhpolding z. B. wurden schon speziell die Urlauber eingeladen. Die regelmäßigen Almtänze, Begrüßungs- und Heimatabende usw. waren ohne Trachtenvereine undenkbar. Zum Wohle des Fremdenverkehrs hob man z. B. in Ruhpolding auf Betreiben eines Trachtenvereins 1925 das Tanzverbot während der Erntezeit auf, Trachten wurden für Erinnerungsfotos an Touristen ausgeliehen

und neben Plattlervorführungen auch bislang dort unbekanntes Goaßlschnalzen und Alphornblasen ins Programm genommen.[38] Nicht nur in Ruhpolding wurden so die bäuerlichen Trachten und ihre Erhaltungsvereine als Werbefaktor für den Fremdenverkehr eingesetzt. Die Vermittlung von Heimat und Idylle – das waren die Zielvorgaben.

Das Bauerntheater schuf dazu noch die Figur des ‚Seppl', des etwas tolpatschigen und nur mit mäßigen geistigen Gaben ausgestatteten Naturburschen, der weltweit zum ‚typischen Bayern' avancierte. Das erste Bauerntheater wurde 1889 in Garmisch begründet, um die Urlauber bei schlechtem Wetter zu unterhalten. Jodeln, Raufen, Saufen, Fensterln und Schuhplatteln – die Inhalte dieser bauern- und bayernbildprägenden Aufführungen sind auch heute noch hinreichend verbreitet.

Zu Beginn der Fremdenverkehrswirtschaft in Ostbayern waren derartige folkloristische Elemente gänzlich unbekannt. Zu hart kämpften die Bauern im Oberpfälzer und Bayerischen Wald um

Bodenmaiser Volksmusikgruppe, 1936.

‚Bodenmaiser Anzeiger' vom 10. 9. 1931, aus: Haller, Reinhard: Bodenmais Teil II. Zwiesel 1990.

ihre Existenz, zu bedrückend war ihre Situation, als daß sie für ein barockes Bauernbild tauglich gewesen wären. Zu-

Dreschvorführung beim alljährlich veranstalteten Sommerfest ‚Dreschersuppe' in Waldkirchen.

dem stand hier vorerst noch der Ausbau der touristischen Infrastruktur wie Wanderwege und Verkehrsmittel, Beherbergungsbetriebe etc. auf dem Programm. Dieser Aufgabe widmeten sich seit den 1880er Jahren die verschiedenen Sektionen des Waldvereins sowie die Verschönerungsvereine. Sie bauten Ruheplätze, markierten Wege, kümmerten sich um Ansichts- und Wanderkarten oder Prospekte. Man warb mit unberührter Natur und Ruhe. Bereits in den 20er Jahren gab es markierte Wege von Passau bis in die Oberpfalz.

Der Aufschwung des Fremdenverkehrs setzte jedoch erst in den 30er Jahren ein, als das oberbayerische Bauernklischee auf Ostbayern übertragen wurde. Zudem wurde der ‚Ostmarkbauer' verstärkt in politische Zielsetzungen integriert. ‚Heimat- und Volkstumspflege' wurden nicht nur in Ostbayern als Stärkung des Deutschtums ausgegeben,

hier jedoch gleichzeitig noch als Bollwerk gegen das ‚Tschechentum'. Die bäuerliche ‚Blut-und-Boden'-Ideologie, welche sich gängiger Symbole wie Tracht, Volkslied oder Brauchtum bediente, hatte neben der politischen Zielgerichtetheit auch einen wirtschaftlichen Werbeeffekt. So wurde auf der Olympiade 1936 in Berlin ostbayerisches Brauchtum vorgeführt und das bäuerliche ‚Volksgut' dieser Region via Rundfunk und Presse im ganzen Reich verbreitet. ‚Kraft durch Freude' – Sonderzüge in den Bayerischen Wald taten ein Übriges.

Mit dem staatlich forcierten Tourismus konnte auch das Oberbayern-Klischee hier Fuß fassen. Gebirgstrachtenvereine wurden vermehrt gegründet, nachdem die ersten bereits um die Jahrhundertwende in der Oberpfalz entstanden waren, und sofort in den Dienst der Fremdenverkehrswirtschaft gestellt. Zudem führte man Fremden- und Heimatabende mit der gängigen Oberbayern-Folklore wie z. B. Schuhplatteln ein.

Die touristische Folkloremanie wurde wie der Tourismus selbst durch den Zweiten Weltkrieg zwar unterbrochen, gänzlich zum Stillstand jedoch kam er nie. Im Gegenteil, bereits Mitte der 50er Jahre begann das Bauernklischee mit dem langsam wieder einsetzenden Fremdenverkehr neue Urstände von bislang nicht bekanntem Ausmaß zu feiern. Siegfried Weikl, ehemaliger Bürgermeister von Bodenmais und Motor des touristischen Aufstiegs dieser Gemeinde, schrieb über jene Zeit: *„Und in den Endfünfziger-Jahren war es keine Seltenheit, daß sich so mancher Bürgermeister aus dem Waldland in Berlin auf dem Kurfürstendamm mit seinem nächstgelegenen Kollegen ohne vorhergehende Abrede getroffen hat. Folkloregruppen zogen ins Land, vornehmlich zunächst einmal nach Berlin, denn von* dort strömten Urlauber in Massen in diesen, von ihnen erstmals entdeckten Bayer. Wald und den Berlinern kommt das Prädikat zu, daß sie auch als erste diesen Bayer.Wald als ein echtes und zünftiges Urlaubsland entdeckt haben. . . So hat die Volkstumspflege aus der Sicht des Fremdenverkehrs einen besonderen Platz eingenommen.“[39]

Warum diese Art von Volkstumspflege, vielleicht könnte man auch sagen Folklorismuspflege, bis zur Gegenwart Hochkonjunktur hat – ebenso wie der Begriff Heimat –, dürfte in den gesellschaftlichen Rahmenbedingungen begründet sein. Arbeit und Beruf, Dorf und Familie waren früher die identifikationsgebenden Bereiche. Technisierung und Verstädterung führten zu einer starken Veränderung des persönlichen Umfeldes; ebenso für einen wachsenden Personenkreis zu abstrakter beruflicher Detailarbeit und fehlenden Bezügen zum Endprodukt. Eine Flucht in die pri-

‚Wolfauslasser' aus dem Bayerischen Wald im touristischen Werbeeinsatz auf der ‚Freizeit'-Messe in Nürnberg.

vate Freizeitwelt als Raum für Identifikation und Befriedigung war die Folge. Als Kontrast zur Arbeits- und Wohnwelt wurden feste Orientierungspunkte wie Tradition, Ordnung und Verhaltenssicherheit angestrebt. Die Sehnsüchte nach einer heilen Welt kamen und kommen dabei durch Merkmale einer Vergangenheitskultur wie Tracht, Bauernhaus, ‚Volkskunst‘ oder ‚Volksmusik‘ zum Ausdruck. Und genau mit diesen Sehnsüchten arbeiten inzwischen ganze Wirtschaftszweige. Das, was dabei oft lautstark als echtes bäuerliches Kulturgut proklamiert wird, sind in Wirklichkeit häufig mehr oder minder historische Versatzstücke, Symbole für eine ehemals ‚pseudoheile‘ Welt.

Gerade das Fremdenverkehrsgewerbe arbeitet nicht nur in Ostbayern seit den 1950er Jahren mit Hochdruck an der ‚Bestätigung‘ der ‚bäuerlichen Klischees‘. Fast keinen Werbeprospekt gibt es, der ohne Bierseligkeit, Bauerngeräuchertes, Lederhosenträger und Kühe auskommt, in welchem kein verwitterter Alter vor einem Waldlerhaus sitzt, kein bäuerliches Brauchtum bzw. Fest herausgestellt wird, die Stubenmusi nicht zithert oder keine Empfangshalle in rustikalem Stil mit Kachelofen, Pferdegeschirr oder ‚Wagenradlampe‘ abgebildet ist. Daß es sich um willkürlich austauschbare Versatzstücke handelt, zeigen auch die Programmpunkte sogenannter ‚Heimatabende‘. Ein Beispiel von vielen:

„Erster großer Heimatabend.
Der Männergesangsverein Achslach mit Vorstand Karl Hilger, sowie die Gemeinde Achslach mit Bürgermeister Gerhard Mies können für den ersten großen Heimatabend, der am Freitag, 3. August, im großen Holler-Saal in Achslach stattfindet, das weltbekannte Duo ‚Hans und Ellen Kollmannsberger‘ präsentieren. Weiter gestalten diese Veranstaltung die ‚Rinchnacher-Plattlergruppe‘ (Kloster-Buam), die ‚Achslacher-Stubenmusi‘ sowie der ‚Achslacher Viergesang‘. Die Hauptattraktion des Abends ist natürlich das weltweit bekannte Duo ‚Kollmannsberger‘, das in der Sendung des ZDF ‚Lustige

Musikanten‘ schon mehrmals als Sieger hervorgegangen ist. In den Tourneen in Südamerika, Ägypten, Ostafrika, Nordamerika, Kanada, Nahost, Rußland, Skandinavien und Deutschland konnten sie ihr Publikum immer wieder begeistern. Wenn es im großen Holler-Saal in Achslach durch das Künstler-Duo ‚Santa-Maria‘, ‚Wir kommen von den Bergen‘, ‚El Paradieso‘ oder ‚Wer weiß wohin die Reise geht‘ heißt, wird es wohl keinen mehr auf den Stühlen halten. Der Männergesangsverein Achslach hat dieses Gastspiel arrangiert, um der Bevölkerung und den Feriengästen in Achslach und Umgebung einmal einen ‚echten Bayerischen Abend‘ mit international bekannten Künstlern zu bieten. Der Kartenvorverkauf findet im Verkehrsbüro der Gemeinde Achslach von 8 bis 12 Uhr statt." [40])

Längst sind auch die bäuerlichen Bräuche wie Pfingstritt oder das Englmari-Suchen fest in touristische Veranstaltungskalender integriert. Ob nun der örtliche Verkehrsamtsleiter in Norddeutschland auf Werbetour geht oder ob nur ein Heimatabend angesagt ist – Bierfässer, Lederhosen, Holzhacker und Schuhplattler fehlen weder hier noch dort. Schließlich verkauft man ja Tradition, und die hat das Bauernklischee allemal. Daß der Bauer dieser Art niemals existiert hat, mag dabei nur Puristen stören.

Inzwischen weiß man ‚Rustikales‘ nicht nur im Fremdenverkehrsgewerbe bestens zu verkaufen. Auch der Landwirt im zeitgemäßen Bungalow greift ebenso wie der Städter im 10. Stock seines Wohnsilos gern auf eine bunte Palette von Bauernmöbeln zurück. Landauf, landab findet man in Ostbayern nur wenige, meist exklusivste Einrichtungshäuser, die ihre Kunden nicht mit Bäuerlichem eindecken, und sei es nur die obligatorische rustikale Eckbank im Eßzimmer. Daß Bauernmöbel früher durchwegs bemalt waren, hat die abbeizfreudige Zunft der Antiquitätenhändler kontinuierlich dem Bewußtsein entrissen. Auch daß verschiedene Regionen unterschiedliche Möbel hervorgebracht haben und die wenigsten davon mit üppigem Schnitzwerk versehen waren, ist längst vergessen. Dafür weiß man heute eindeutig, was man von einem ‚Bauernmöbel' erwartet: Geschnitzt muß es sein und aus Holz natürlich und nicht zu teuer, was maschinelle Serienfertigung ohne Probleme ermöglicht.

Ähnlich wie die Bauernmöbelmärkte boomen die Rustikal-Gaststätten. Rustikale Einrichtungen, bäuerlich-ländliche Dekorationen, und mögen es Plastikattrappen von Holzbalken sein, sowie eine sogenannte ‚regionaltypische', bodenständige Küche signalisieren Echtheit und Ursprünglichkeit. Selbstverständlich gehören die ‚Bayerwald-Pizza' und das Waldlermüsli genauso der alten bäuerlichen Küche an wie der Bauernschmaus oder das Holzhackersteak. Zwar mögen einige der offerierten Speisen nicht einer gewissen, wenn auch sehr entfernten

Ähnlichkeit mit der Kost früherer (Fest-) Tage entbehren, darin aber erschöpft sich bereits die Verbindung zur Nahrung früherer Zeit. Mehr wäre auch nicht erstrebenswert, denn die tatsächlichen bäuerlichen Alltagsspeisen der Vergangenheit würden keinen Gast zum Wiederkommen verführen. Für die Zeit um 1800 heißt es über den Bayerischen Wald:

„Die Kost des Landmanns ist sehr schlecht. Erdäpfel und schlecht zubereitete Speisen von Rockenmehl, Sauerkraut, sauere Milchsuppen und sehr schwarzes Brod, nicht selten mit Habermehl vermischt, ist die gewöhnliche Nahrung. Äußerst karg geschmalzt werden die gestupten Rockenmehlnudeln, Scharmblätter und Erdäpfel etc. Süße Milch wird wenig verkocht, sondern zum Raummachen aufbewahrt. Das gesparte

‚Bauernballett' aus dem Bayerischen Wald im touristischen Werbeeinsatz auf der ‚Freizeit'-Messe in Nürnberg.

Schmalz wird verkauft. Krapfen oder Küchlein, gebacknen Brein, gekraußte (gebackne) Semmelschnittel sind Festtagsspeisen. Fleisch wird nur bei den Vermöglichern des Jahrs drei Mal gekocht, nemlich am Christtag, Ostertag und dem Kirchweihfest. An diesen Tagen kommt auch sparsam Bier in das Haus des Landmanns . . . Man speißt des Tags fünf Mal, frühe die sauere Suppe, dann das Neunerbrod, das Mittagsmahl, das drei Uhr oder Abendbrod, und endlich das Nachtessen, das meistens in einer sauern Suppe und Erdäpfeln besteht."[41]

Auch in der Oberpfalz wurde die Anspruchslosigkeit und Genügsamkeit der ländlichen Bevölkerung hervorgehoben. Nicht umsonst wurde diese Region nach dem Hauptnahrungsmittel der einfachen Bevölkerung spöttisch als ,Kartoffelpfalz' bezeichnet.

„Erdäpfl in der Fröih,
mittags in der Bröih,
af d'Nacht in die Häut,
Erdäpfl in Ewigkeit."

Was heute in der Rustikal-Gastronomie als bodenständige Spezialitäten angepriesen wird, seien es Fische, Würste u. a., war früher fast ausschließlich einer sehr kleinen Oberschicht vorbehalten. Nahezu grenzenlos ist heute der Einsatz bäuerlicher Klischees und Symbole im Warenangebot, als Kaufanreiz, als Identifikationsspender im trauten Heim oder in der Freizeit. Der Trachtensmoking, der zum Verkehrsamt bzw. zur ,atmosphärischen' Nobelkneipe umfunktionierte Blockbau aus dem 18. Jahrhundert, das 200-Betten-Appartement mit dem obligatorischen ,Hof'-Zusatz im

,Heukur' als touristische Attraktion im Bayerischen Wald.

Namen, das Heimatwerk, das Pflügen mit Pferden, Sensenmähen und Kornmandlbauen als Beschäftigungsangebot für den Urlauber auf dem Bauernhof, die Spinn- und Federkielstickvorführung im vorweihnachtlichen Schaufenster oder die Wagenrad- und Dreschflegelkultur in den modernen Wohn- und Terrassenlandschaften – sie alle und noch vieles mehr setzen heute klare Zeichen. Diese Zeichen stehen als Symbole für den Gesamtkomplex einer vergangenen bäuerlichen Welt, wobei die Wirklichkeiten dieser vergangenen Welt absolut nebensächlich sind. Je nach aktueller Zielvorstellung werden sie um- oder neu- geformt. Wichtig allein ist, daß ‚Bäuerliches' als folkloristisches Abziehbild die Sehnsüchte nach einer ‚heilen Welt' – sozusagen als Opposition zur Gegenwart – scheinbar befriedigen kann.

Versunkene bäuerliche Welt
im Spiegel der Museen

Alltägliches als Wert zu erkennen ist ein schwieriges und selten praktiziertes Unterfangen. Gerade die ‚Alltäglichkeit' scheint ein Garant dafür zu sein, daß sich die Frage nach Erhalt oder Dokumentation nicht stellt. Kein Wunder also, wenn erst der Umbau Ostbayerns von einer Agrar- zur Industrieregion erfolgen mußte, der die Bauern zahlenmäßig zur Randgruppe werden ließ, bis der Blick sich langsam der bereits im Verschwinden begriffenen bäuerlichen Kultur zuwandte!

Längst schon hatten Antiquitätenhändler und -sammler die Dörfer und Weiler durchstreift, bis es in Ostbayern ab etwa Mitte der 70er Jahre verstärkt zur Gründung von Museen mit bäuerlichen Objekten kam. Die Rettung der letzten Sachzeugen einer ehemals bäuerlichen Region korrespondierte dabei bestens mit den Bedürfnissen einer aufstrebenden Fremdenverkehrswirtschaft. Heute gehört Ostbayern qualitativ wie quantitativ zu einer der mit bäuerlichen Museen bestausgestatteten Regionen im Freistaat. Aus bescheidenen Anfängen, mit oft der ‚guten, alten Zeit' verhafteten Bauernmuseen, haben sich inzwischen vielerorts überregional bedeutende Einrichtungen von hohem Standard entwickelt.

Lanz Dampfmaschine von 1927 mit Dreschkasten, Niederbayerisches Landwirtschaftsmuseum in Regen.

Das Niederbayerische Landwirtschaftsmuseum in Regen

Lkr. Regen/Ndb.
Schulgasse 2, 8370 Regen
Tel.: 0 99 21/57 10 oder 72 05
Öffnungszeiten:
Dez.–Okt. tgl. 10.00–17.00,
Nov. Gruppen nach Vereinbarung
Führungen nach Anmeldung;
Führer, eigene Schriftenreihe;
Besuchervideothek.

Eines der modernsten und zugleich ungewöhnlichsten Museen befindet sich in der Kreisstadt Regen. 1988 wurde hier direkt am Stadtplatz das Niederbayerische Landwirtschaftsmuseum, das erste seiner Art in Bayern, eröffnet. Neue gestalterische und konzeptionelle Ideen ließen keine Gerätesammlung im herkömmlichen Sinne entstehen, sondern eine Anlage, die mit modernsten Hilfsmitteln abwechslungsreich und spannend den Wandel der bäuerlichen Lebens- und Arbeitswelt zeigt.

Auf über 2000 m2 Ausstellungsfläche dokumentiert die Einrichtung niederbayerische Agrar- und Sozialgeschichte.

Regionale Entwicklungen werden jedoch in einer Weise präsentiert, die Niederbayerisches als Teil eines überregionalen gesamtgesellschaftlichen Wandlungsprozesses sichtbar macht und durch Inszenierungen, modernste technische Hilfsmittel und künstlerische Gestaltungselemente nahebringt. Verschiedene Maschinen und Modelle werden in Betrieb gezeigt.

Zu Beginn des Rundgangs informiert ein Film über die wichtigsten agrarhistorischen Entwicklungen. Das 1. Obergeschoß mit dem Thema ‚Landwirtschaft im Feudalismus‘ (um 1800) geht auf die Abhängigkeit der Bauern von ihren Grundherren ein. Eine farblich verfremdete Bauernstube, in der die sozialen Rollen der Hofbewohner anschaulich werden, leitet über zu ‚Haushalt und Nebenerwerb‘. Die Abteilung ‚Bodenbearbeitung und Ernte‘ informiert über den Alltag, über Acker- und Erntetechniken, die der Besucher sich auch in historischen Filmaufnahmen vorführen lassen kann. Ebenso abrufbar sind historische Filmzeugnisse zur dörflichen Geräteherstellung. Sequenzen über die Verfügbarkeit der Bauern auch als Soldaten verweisen drastisch auf den umfassenden Charakter des Feudalverhältnisses.

Das 2. Obergeschoß mit dem Thema ‚Landwirtschaft im Umbruch‘ macht Bauernbefreiung und Agrarreformen als Folgen von Aufklärung und Französischer Revolution begreiflich und stellt dann als neue Prinzipien des Wirtschaftens Marktorientierung und Leistungssteigerung in den Mittelpunkt. Eine effektvoll inszenierte Produktionsstätte für Landmaschinen leitet über zur ‚Mechanisierung‘. Die Wechselwirkungen von ‚Mensch und Maschine‘ bilden den Abschluß. Raumbeherrschend ist hier ein Deutz-Motor von 1897 in Dauerbetrieb.

Da das Museum in den Schauräumen nur exemplarisch mit originalen Ausstellungsstücken arbeitet, wurde eine begehbare Studiensammlung mit hoher Objektdichte im Dachgeschoß sowie eine Ausstellungshalle für Großgeräte wie Dampf-Locomobile, Traktoren, Göpel, Motoren etc. eingerichtet.

Ergänzend bietet das Museum zwei attraktive Sonderausstellungen im Jahr sowie eine Reihe von Veranstaltungen, die von brauchtümlichen Festen bis hin zu Podiumsdiskussionen über gegenwärtige Probleme in der Landwirtschaft reichen.

Inszenierung ‚Landmaschinenfabrik um die Jahrhundertwende', Niederbayerisches Landwirtschaftsmuseum in Regen.

Die Freilichtmuseen

Denkmalgeschützte Bauernhäuser vor Ort verfügen heute über oft nicht mehr als nur eine historische Fassade. Im Inneren der Häuser haben zeitgemäße Wohn- und Arbeitsbedürfnisse oft zu erheblichen Veränderungen geführt. Zu Recht will heute niemand seinen Feierabend in einer finsteren Stube von nur 1,75 m Raumhöhe verbringen oder auf den Einbau einer Toilette, eines Bades oder gar einer Küche verzichten. Damit aber verlieren auch denkmalgeschützte Bauernhäuser vor Ort weitgehend ihre historische Substanz.

Allein in den Freilichtmuseen ist die Erhaltung von alten bäuerlichen Gebäuden sichergestellt, da sie hier dem Veränderungsprozeß entzogen sind. Somit sind heute einzig die Freilichtmuseen in der Lage, aussagekräftige architektonische Geschichtszeugnisse zu überliefern.

Gegenwärtig gibt es in Ostbayern vier große Freilichtmuseen. Sie dokumentieren die Realität alter bäuerlicher Architektur mit all ihren Licht- und Schattenseiten für die damalige Wohn- und Arbeitswelt. Eindrucksvoll spiegeln die regional und sozial unterschiedlichen Bauformen den Facettenreichtum einer vergangenen bäuerlichen Kultur wider.

Nicht nur in Ostbayern zählen Freilichtmuseen zu den beliebtesten Museen. Wie kaum ein anderer Museumstypus können sie zwei verschiedene Bedürfnisse der Freizeitgesellschaft, Erholen und Bilden, zusammenführen. Stets ist ein Museumsbesuch mit einem Spaziergang durch ein landschaftlich reizvolles Gelände verbunden. Und wer mit romantischen Wunschbildern das Areal betritt, findet sie – die malerischen alten Bauernhofensembles. Die Freilichtmuseen selbst jedoch verfolgen eine völlig andere Zielrichtung, die von nostalgischer Verklärung weit entfernt ist.

Freilichtmuseum Finsterau, Raidl-Haus von 1775, im Hintergrund Petzi-Hof.

Freilichtmuseum Finsterau
Lkr. Freyung-Grafenau/Ndb.
8391 Mauth-Finsterau
Tel.: 0 85 57/2 21
Öffnungszeiten:
Mitte Dez.–Apr. Di.–So. 12.00–16.00,
Mai–Sept. Di.–So. 9.00–18.00,
Okt. Di.–So. 9.00–16.00.
Museumsführer, -gaststätte, eigene Schriftenreihe.

Auf nahezu 1000 m Höhe, in einer der rauhesten, dafür landschaftlich um so beeindruckenderen Region des Bayerischen Waldes liegt das Freilichtmuseum Finsterau. Der Nationalpark befindet sich in unmittelbarer Nähe. Das Museum wurde 1980 seiner Bestimmung übergeben; seither wird es kontinuierlich weiter ausgebaut. Die Einrichtung zeigt die historischen Bau-, Wohn- und Wirtschaftsformen des Bayerischen Waldes.

Auf dem 7 Hektar großen Areal sind inzwischen 18 Gebäude aufgebaut, darunter der ,Kapplhof' – eine stattliche Dreiseitanlage mit Wohnstallhaus, Getreidekasten (1712) und Stadel sowie das ,Sachl', ein typisches Kleinbauernanwesen aus dem Bayerischen Wald. Dieses war bis 1978 bewohnt. Der ,Petzi-Hof', ein unregelmäßiger Vierseithof mit sieben Gebäuden, führt im Unterschied zu den anderen Hofanlagen den kompletten Baubestand vor. Die Ausstattung des Anwesens, das bis 1986 noch bewirtschaftet wurde, konnte mit übernommen werden und macht den Gesamtkomplex dadurch zu einem äußerst seltenen Zeugnis. Dorfschmiede, Granitstall, Flachsbrechhaus, Dörrboden und andere Gebäude zeichnen ein eindrucksvolles Bild der ehemals vielfältigen bäuerlichen Kultur.

Die Einrichtungen der Häuser, die landwirtschaftlichen Geräte und Maschinen stammen überwiegend aus dem 19. und 20. Jahrhundert. Ein ehemaliges Straßenwirtshaus, ,die Ehrn', dient als Museumsgaststätte und Ausstellungsgebäude. Eine Reihe von Sonderveranstaltungen, z. B. Maibaumaufstellen, Kirchweihmarkt etc. sowie ständig wechselnde Ausstellungen machen das Freilichtmuseum Finsterau zu einer äußerst lebendigen Einrichtung.

Freilichtmuseum Massing, Freilinger Häusl erbaut 1611.

Freilichtmuseum Massing
Lkr. Rottal-Inn/Ndb.
8332 Massing, Spirknerstr. 13
Tel.: 0 87 24/16 61
Öffnungszeiten:
April–Sept. Di.–So. 9.00–18.00,
März und Okt. Di.–So. 9.00–17.00,
Nov. und Dez. Di.–So. 12.00–16.00.
Museumsführer, -gaststätte.

Typische bäuerliche Bauformen aus dem niederbayerischen Gebiet südlich der Donau zeigt das Freilichtmuseum Massing.

Die Anfänge reichen zurück ins Jahr 1965, als man zur Rettung des ,Schusteröderhofes' diesen versetzte und daraus ein kleines Bauernhofmuseum machte. Der Ausbau zum großen Freilichtmuseum begann 1979, als die Trägerschaft an einen Zweckverband überging, der auch das Freilichtmuseum in Finsterau betreibt.

Inzwischen wurden auf dem 10 Hektar großen Gelände ein Hirtenhaus, eine Bauernmühle und vier eindrucksvolle

150

Hofanlagen errichtet. Der ‚Schuseröderhof‘ von 1770 ist ein geschlossener Vierseithof in Blockbauweise mit prächtiger Fassade am Wohnhaus. Dieses sogenannte ‚Stockhaus‘, in dem Wohn- und Stallteil im Hauptgebäude vereint sind, war bis ins 19. Jahrhundert typisch für die Bauweise im Rottal. Zentralkasse und Sonderausstellungsflächen sind in diesen Komplex integriert. Auch beim ‚Kochhof‘ handelt es sich um eine geschlossene Vierseitanlage mit Wohnhaus, Stall, Stadel und Wagenschupfen mit Getreidekasten. Zur Anlage gehören ferner ein Bienenhaus, der Backofen, ein Windbrunnen für die Wasserversorgung sowie das ‚Freilinger Häusl‘, ein abseits

stehendes Austrags- und Handwerkerhaus. Letzteres gilt als eines der ältesten bäuerlichen Bauten Ostbayerns (1611). Mit dem ‚Heilmeierhof‘ zeigt das Museum noch eine weitere stattliche Hofanlage aus dem ausgehenden 18. Jahrhundert. Als Repräsentant der Kleinbauernhöfe steht die ‚Marxensölde‘, ein 1812 erbauter Einfirsthof. Die Einrichtung der Bauernhäuser spiegelt fast durchwegs die Verhältnisse zu Beginn des 20. Jahrhunderts wider.
Das Museum verfügt über eine rustikale Museumsgaststätte. Sonderausstellungen und volkstümliche Veranstaltungen wie z. B. ‚Arntbier‘ finden jeweils großen Anklang.

Museumsdorf Bayerischer Wald, Tittling.

Museumsdorf Bayerischer Wald
Lkr. Passau/Ndb.
8391 Tittling
Tel.: 0 85 04/84 82 oder 40 40
Öffnungszeiten:
Ostern bis Okt. tgl. 9.00–17.00.
Museumsführer und -gaststätte.

Am Dreiburgensee bei Tittling liegt das Museumsdorf Bayerischer Wald. Die 1974 eröffnete private Einrichtung präsentiert bäuerliche Anwesen aus dem gesamten Bayerischen Wald sowie der südlichen Oberpfalz. Mehr als 100 vom Verfall bedrohte Gebäude wurden auf das 20 Hektar große Gelände versetzt. Im einzelnen zeigt das Museum die verschiedenen Bauformen vom 16. bis zum 19. Jahrhundert. Unter den rund 50 bäuerlichen Anwesen befinden sich zahlreiche sogenannte ‚Inhäuser', Kleinstbetriebe, deren Miet-Bewohner keine oder nur wenige Flächen Land bewirtschafteten. Auch eine Reihe stattlicher Höfe, meist Einfirstanlagen, aber auch Dreiseit- und Vierseithöfe wurden wieder aufgebaut. Ergänzt werden die Höfe durch Scheunen, Getreidekästen, Kapellen, Brechhäuser, Backöfen u. v. m. Ne-

ben technischen Denkmälern wie Mühlen, Hammerschmieden und Sägewerken befindet sich hier auch die älteste Dorfschule Deutschlands (1666).
Die historischen Holzbauten bergen zudem große Sammelbestände, z. B. Mobiliar, Hausrat und Arbeitsgerätschaften von Bauern und dörflichen Handwerkern.
Ein imposantes historisches Wirtshaus lädt zur Einkehr ein; für volkstümliche Großveranstaltungen wie z. B. Sängertreffen, steht ein eigenes Gebäude – eine Böhmerwaldglashütte – zur Verfügung.

Oberpfälzer Freilandmuseum, Nabburg-Neusath/Perschen, Rauberweihermühle, erbaut um 1710.

Oberpfälzer Freilandmuseum Neusath-Perschen

Lkr. Schwandorf/Opf.
8470 Nabburg, Oberviechtacher Str. 20
Tel.: 0 94 33/68 84
Öffnungszeiten:
April–Okt. Di.–So. 9.00–18.00.
Führungen nach Anmeldung,
Museumsführer und eigene Schriftenreihe, Museumsgaststätte.

Bereits im Jahre 1964 wurde in Perschen bei Nabburg der sogenannte ‚Edelmannshof' (1605) als ‚Oberpfälzer Bauernmuseum' der Öffentlichkeit zugänglich gemacht. 1977 übernahm der Bezirk Oberpfalz die Anlage, erwarb im benachbarten Neusath ein rund 30 Hektar großes Areal und begann dort mit der Errichtung eines zentralen Freilichtmuseums.

Entsprechend der kulturräumlichen Gliederung der Oberpfalz sollen typische Architekturzeugnisse in drei verschiedenen Baugruppen, sogenannten Dörfern, zusammengefaßt werden: 1. ,Stiftlanddorf' – als Typus einer imMittelalter planmäßig angelegten Waldhufensiedlung (nördliche Oberpfalz), 2. ,Waldlerdorf' – als Vertreter der ebenfalls auf das Mittelalter zurückgehenden Reihensiedlungen (Oberpfälzer Wald, Bayerischer Wald), 3. ,Juradorf', das die Bau- und Siedlungsweise im westlichen Teil der Oberpfalz dokumentieren soll (Oberpfälzer Jura, Altmühljura). Eine eigenständige Baugruppe bildet das ,Mühlental'. Hier sollen das eisen- und glasverarbeitende Gewerbe, ferner Mühlen aus der gesamten Oberpfalz gezeigt werden.

Bislang wurden 25 Einzelgebäude aus dem 18. bis 20. Jahrhundert transferiert, vom Hirten-, Weber- und ,Inhaus' über größere Hofanlagen bis hin zum herrschaftlichen Jagdhaus mit Mühle. Besonderes Augenmerk legt das Museum auf die Rekonstruktion der historischen Landschaften sowie der ehemaligen Wirtschaftsformen. Dazu gehört auch die Ansiedlung alter und bedrohter Pflanzensorten und Haustierrassen. Auf rekonstruierten historischen Wegen und Steigen wandernd, erhält der Besucher Einblick in die alte Dreifelderwirtschaft mit Sommer-, Winterfeld und Brache, in die Teichwirtschaft, historische Weideformen u.v.m.

Die Felder werden mit alten Gerätschaften entsprechend den Arbeiten im Jahresverlauf bestellt (Programm im Museum erhältlich). An einigen Wochenenden im Jahr bietet das Museum besondere Aktivitäten zu speziellen bäuerlichen Arbeiten an.

Ein historisches Wirtshaus lädt hier ebenso wie in der Außenstelle, dem Bauernmuseum Perschen, zur Einkehr.

Museen mit agrarhistorischen Abteilungen und speziellen bäuerlichen Schwerpunkten

Trug sich vor mehreren Jahrzehnten eine Gemeinde oder eine Interessengemeinschaft mit Museumsgedanken, wurde im ländlich strukturierten Raum ganz selbstverständlich bäuerliches Kulturgut gesammelt. So verfügen heute zahlreiche Heimatmuseen z. T. über beachtenswerte Zeugnisse der bäuerlichen Lebenswelt. Auch wenn diese Museen meist nur eine oder zwei Abteilungen den Sachzeugen des Bauernstandes widmen, ein Besuch lohnt sich trotzdem, denn Neues entdecken kann der aufmerksame Beobachter fast überall.

Neben diesen Heimatmuseen sowie den lokalen ,Bauernmuseen', die meist in einem bedrohten oder ungenutzten Baudenkmal eingerichtet wurden, gibt es eine Reihe von z. T. privaten Sammlungen, die im Laufe der Zeit wegen ihrer Qualität der Öffentlichkeit zugänglich gemacht wurden.

In der Regel wurden nur solche Museen berücksichtigt, die mehrmals pro Woche regelmäßig dem Publikum offenstehen. Die Museumswanderung durch Ostbayern folgt dabei der Süd-Nord-Richtung.

Als Grundlage wurden im wesentlichen Daten aus dem 1991 erschienenen Handbuch ,Museen in Bayern' verwendet.

Heimatmuseum Pfarrkirchen
Lkr. Rottal-Inn / Ndb.
8340 Pfarrkirchen, Stadtplatz 2
Tel.: 0 85 61 / 30 60
Öffnungszeiten:
Apr.–Okt. Di. u. Do. 14.00–16.00, Mi. u. Fr. 14.00–17.00 u. letzter Sonntag im Monat 10.00–12.00 u. nach Vereinbarung.

Im ehemaligen Rathaus zeigt das städtische Museum u. a. bäuerliche Hafnerwaren des Umlandes, Rottaler Trachten, Zeugnisse der Volksfrömmigkeit sowie landwirtschaftliche Gerätschaften.

Geburtshaus
des hl. Konrad von Parzham

Lkr. Passau/Ndb.
8394 Griesbach, Parzham 4
Tel.: 0 85 32/23 11
Öffnungszeiten:
März–Okt. Mo.–Sa. 8.30–18.00,
So. 12.00–18.00 u. nach Vereinbarung.

Im Geburtshaus des hl. Konrad von Parzham (1818–1894) – einem Rottaler Vierseithof aus dem 18. Jahrhundert – sind neben Erinnerungsstücken an den beim Landvolk stark verehrten Heiligen auch Sachzeugen der bäuerlichen Wohnkultur und Arbeitsgerätschaften zu besichtigen.

Bauernmuseum Nindorf

Lkr. Deggendorf/Ndb.
Nindorf, Untere Dorfstr. 6,
8351 Post Buchhofen
Tel.: 0 99 38/4 96
Öffnungszeiten: nach Voranmeldung

In zwei Gebäuden zeigt der Landwirt Johann Schreiner seine umfangreiche Sammlung an landwirtschaftlichen Geräten und Maschinen, darunter auch Göpel und Traktoren. Werkzeuge des dörflichen Handwerks und bäuerlicher Hausrat ergänzen die Sammlung.

Webereimuseum Breitenberg

Lkr. Passau/Ndb.
8391 Breitenberg, Gegenbachstr. 50
Tel.: 0 85 84/14 90 u. 4 11
Öffnungszeiten:
Juni–Sept. tgl. 14.00–16.30,
April, Mai, Okt. Mi., Sa. u. So.
14.00–16.30 u. nach Vereinbarung.

Im Zentrum der Anlage steht das ‚Leopoldenhaus', ein stattlicher Hof aus dem 19. Jahrhundert. Getreidekästen, ein ‚Inhäusl', das erst 1991 eröffnete ‚Wau-Häusl' und weitere bäuerliche Kleinbauten ergänzen den Komplex. Gerätschaften zur Flachsverarbeitung, verschiedene Webstühle, eine Färberei und eine Blaudruckerei lassen den Weg vom Flachs bis hin zum bedruckten Leinen anschaulich werden. Daneben werden auch Bauernmöbel von der Breitenberger Werkstatt Seidl (1792–1850) und landwirtschaftliche Geräte gezeigt.

Heimatmuseum Freyung

Lkr. Freyung-Grafenau/Ndb.
8393 Freyung, Abteistr. 8
Tel.: 0 85 51/12 76
Öffnungszeiten:
15. Juni–15. Sept. Di.–Fr. 14.00–17.00;
16. Sept.–31. Okt. u. 15. Dez.–14. Juni
Di. u. Do. 14.00–17.00
u. nach Vereinbarung.

Das sogenannte ‚Schramlhaus' – eine Vierseithofanlage – wurde um 1700 erbaut. Auch die Ausstattung, u. a. Rauchfang und Rußkuchl, repräsentiert diese Zeit. Neben bäuerlichen Gerätschaften sind Trachten, Zeugnisse der sakralen Volkskunst sowie eine umfangreiche Spezialsammlung von Hinterglasbildern der Region (Raimundsreuth, Sandl, Außergefild) zu sehen.

Jagd- und Fischereimuseum
in Freyung

Lkr. Freyung-Grafenau/Ndb.
8393 Freyung, Schloß Wolfstein
Tel.: 0 85 51/5 71 09
Öffnungszeiten:
Mitte Dez.–Okt. Di.–So. 10.00–17.00.

In Schloß Wolfstein, das in seiner fast 800jährigen Geschichte auch als Jagdschloß genutzt wurde, errichtete der Landkreis 1989 ein Jagd- und Fischereimuseum. Gleichwohl die Lebensbedingungen der Tierwelt und die Auswirkungen durch Jagd und Fischerei im Mittelpunkt stehen, wird auch die Rolle der bäuerlichen Bevölkerung bei der herrschaftlichen Jagd früherer Zeit dokumentiert.
In großen Aquarien werden Fische gehalten; ferner belebt eine Reihe von modernen Medien mit interessanten Beiträgen das Museum.

Bauernmöbelmuseum Grafenau

Lkr. Freyung-Grafenau/Ndb.
8352 Grafenau, Im Kurpark,
Postanschrift: Spechtweg 3
Tel.: 0 85 52/7 82
Öffnungszeiten:
20. Dez.–Okt. tgl. 14.00–17.00.

In zwei wiederaufgebauten Bauernhäusern aus dem 18. und 19. Jahrhundert dokumentiert eine umfangreiche Sammlung an Schränken, Truhen, Betten etc. vom 17. bis 20. Jahrhundert die bäuerlichen Möbellandschaften des Bayerischen Waldes. Die Objekte sind nach Herkunftsgebieten geordnet und reichen von der schlichten Knechttruhe bis zum reich bemalten Schrank des Großbauern. Der Getreidekasten und die Wagenremise beherbergen landwirtschaftliche Geräte.

*Waldgeschichtliches Museum
in St. Oswald*

Lkr. Freyung-Grafenau/Ndb.
8351 St. Oswald-Riedlhütte,
Klosterallee 4
Tel.: 0 85 52/46 66 u. 7 50.
Öffnungszeiten:
15. Dez.–Okt. tgl. 9.00–17.00.

Neben der Geschichte des Bayerischen Waldes und des Böhmerwaldes widmet sich das Museum der Entwicklungsgeschichte der Waldarbeit. Für die Bauern der Region war die Waldwirtschaft als Einkommensquelle von zentraler Bedeutung.

Bauernhaus-Museum in Lindberg

Lkr. Regen/Ndb.
8371 Lindberg, Kramerstr. 4
Tel.: 0 99 22/12 93
Öffnungszeiten:
Ostern–Okt. tgl. 10.00–17.00.

1975 wurde ein alter Einfirsthof, ausgestattet mit Mobiliar, landwirtschaftlichen Geräten und einer Trachtensammlung als privates Museum der Öffentlichkeit zugänglich gemacht. Zur Anlage gehören ferner eine hölzerne Kapelle und das ehemalige Austragshaus, das als Wirtshaus genutzt wird.

Bauernhaus-Museum in Vorderdietzberg

Lkr. Regen/Ndb.
8375 Ruhmannsfelden-Vorderdietzberg, Haus Nr. 6
Tel.: 0 99 29/16 34
Öffnungszeiten: Mo.–Fr. 14.00–17.00,
Sa. u. So. 9.00–17.00.

Der mit landwirtschaftlichen Geräten und Hausrat ausgestattete Waldlerhof von 1721 wurde 1977 vom örtlichen Volkstrachtenverein für Besucher geöffnet.

Kreis- und Heimatmuseum in Bogen

Lkr. Straubing-Bogen/Ndb.
8443 Bogen, Bogenberg
Tel.: 0 94 22/57 86
Öffnungszeiten:
15. Apr.–15. Okt. Mi. u. Sa. 14.00–
16.00, So. 10.00–12.00 u. 14.00–16.00
u. nach Vereinbarung.

Der Schwerpunkt des Museums liegt auf religiöser Kunst und Volkskunst; daneben erwarten den Besucher eine Reihe interessanter Objekte zum bäuerlichen Arbeitsalltag sowie bäuerliche Trachten.

Heimatmuseum in Mitterfels

Lkr. Straubing-Bogen/Ndb.
8446 Mitterfels, Burgstr. 2
Tel.: 0 99 61/5 22
Öffnungszeiten: Ostern–Allerheiligen
Do. 15.00–18.00, So. 14.00–17.00,
Weihnachten–Hl. Drei Könige
tgl. 11.00–16.00.

Die Burg Mitterfels birgt die äußerst umfangreichen Sammlungen von Josef Brembeck, darunter auch Klein- und Großgeräte der unterschiedlichsten Arbeiten in Haus und Hof. Spezielle Abteilungen über Beleuchtungswesen, Messen und Wiegen, Bestattungswesen u. v. m. eröffnen interessante Einblicke in die Kulturgeschichte der Region.

Museum auf Burg Falkenstein
Lkr. Cham/Opf.
8411 Falkenstein, Burg
Tel.: 0 94 62/2 44 und 12 88
Öffnungszeiten:
während der bayerischen Schulferien
tgl. 10.00–12.00 u. 14.00–17.00, sonst
Mi., Fr., Sa. 14.00–16.00,
So. 10.00–12.00 u. 14.00–17.00.

Mit seinen Jagdtrophäen, Tierpräparaten
und Jagdwaffen versucht das Museum
die Beziehung zwischen Jagd und Hege
zu vermitteln und Verständnis für die
Natur zu wecken.

Landestormuseum in Furth im Wald
Lkr. Cham/Opf.
8492 Furth im Wald, Schloßplatz 4
Tel.: 0 99 73/20 11
Öffnungszeiten:
Mai–Okt. Di. u. Do. 14.00–17.00,
So. 10.00–12.00,
April u. Nov. nach Vereinbarung.

Das an stadt- und heimatgeschichtlichen
Beständen reiche Museum verfügt u. a.
über eine Spezialsammlung zur Imkerei
sowie über interessante Zeugnisse bäuerlicher Frömmigkeit.

Heimat- und Bauernmuseum in Mappach
Lkr. Schwandorf/Opf.
8466 Bruck i. d. Opf., Mappach
Tel.: 0 94 34/14 25
Öffnungszeiten:
Mai–Okt. So. 14.00–17.00 u. nach
Vereinbarung.

In einer Scheune und einer benachbarten
Blockhütte werden bäuerliche und hand-
werkliche Zeugnisse sowie Materialien
zur Tier- und Pflanzenwelt gezeigt.

Oberpfälzer Volkskundemuseum
in Burglengenfeld
Lkr. Schwandorf/Opf.
8412 Burglengenfeld, Berggasse 3
Tel.: 0 94 71/18 42
Öffnungszeiten:
ganzjährig Mi.–Fr. u. So. 14.00–17.00
und jeden 1. Di. im Monat 19.00–20.30.

In 36 Abteilungen dokumentiert dieses
Schwerpunktmuseum die Entwicklungsgeschichte und vergangene Lebensweise
von Bauern, Handwerkern und Indu-
striearbeitern. Die moderne, stark sozial-
geschichtlich geprägte Einrichtung greift
auch Themen wie ‚Bäuerliche Arbeit und
Wirtschaft‘, Volksmusik, Brauchtum u. ä.
auf.

Bayerisches Museum für Teichwirtschaft
und Fischerei in Tirschenreuth
Lkr. Tirschenreuth/Opf.
8593 Tirschenreuth, Hochwartstr. 1
Tel.: 0 96 31/60 90 und 24 81
Öffnungszeiten:
15. Apr.–15. Okt. Di.–Fr. 15.00–17.00,
Sa. 10.00–12.00 u. nach Vereinbarung.

In der nördlichen Oberpfalz, im sogenannten ‚Bayerischen Land der 1000
Teiche‘, ist die Fischzucht eine verbreitete Spezialform der Landwirtschaft. Die
Karpfenzucht reicht hier zurück bis ins
Mittelalter. In zwölf Räumen stellt das
Museum u. a. die Geschichte der Teichwirtschaft, die verschiedenen Arbeiten,
die Fischverwertung u. v. m. vor.

Stiftlandmuseum in Waldsassen
Lkr. Tirschenreuth/Opf.
8595 Waldsassen, Museumsstr. 1
Tel.: 0 96 32/88 46
Öffnungszeiten:
März–Sept. tgl. 10.00–12.00 u.
13.00–16.00, Okt. u. Nov. tgl.
13.00–16.00 u. nach Vereinbarung.

Das nach dem ehemaligen Gebiet des
Klosters Waldsassen benannte Museum
birgt in 37 Räumen des alten Rathauses
u. a. eine umfangreiche landwirtschaftliche Abteilung. Nach dem jahreszeitli-
chen Arbeitsanfall werden die Themen
Feldbestellung, Transportwesen und
Tätigkeiten am Hof in eindrucksvoller
Weise dokumentiert.

Anmerkungen

[1]) Joseph v. Hazzi: Gekrönte Preisschrift über Güter=Arrondierung, München 1818, S. 332.
[2]) Max Lidl: Landwirthschaftliche Reise durch den bayerischen Wald, Regensburg 1865, S. 111.
[3]) Joseph v. Hazzi: Gekrönte Preisschrift über Güter=Arrondierung, München 1818, S. 315.
[4]) Max Lidl: Die landwirthschaftlichen Zustände der fruchtbaren Donauebene Niederbayerns, Straubing 1871, S. 26.
[5]) Bernhard Grueber, Adalbert Müller: Der bayrische Wald, Regensburg 1864, S. 2.
[6]) Joseph v. Hazzi, Arrondierung a. a. O. S. 322.
[7]) Joseph v. Hazzi: Gekrönte Preisschrift über Güter=Arrondierung, München 1818, S. 329.
[8]) Anonym: Wie geht man mit den ständischen Unterthanen um? o. O. 1802, S. 16.
[9]) Königlich-Baierisches Intelligenz-Blatt des Unter-Donau-Kreises 1820, S. 60.
[10]) Königlich Bayerisches Intelligenz-Blatt von Niederbayern, 1847, S. 732.
[x]) entsprechend der damaligen Terminologie handelte es sich um die Besteuerungsgröße eines ‚ganzen Hofes‘
[11]) Die Landwirtschaft in Bayern, Denkschrift 1860, München 1860, S. 335.
[12]) Joseph v. Hazzi: Statistische Aufschlüsse über das Herzogtum Baiern, Nürnberg 1808, S. 1130 f.
[13]) Lena Christ: Mathias Bichler. In: Gesammelte Werke, München 1981, S. 247–504, hier S. 293.
[14]) Berta Ritscher, Günter Naumann: Der historische Steinhof. In: Beiträge zur Geschichte im Landkreis Cham, 4. Band, 1987, S. 25–40, hier S. 32.
[15]) Joseph Wimmer: Die socialen und volkswirthschaftlichen Zustände des königlichen Landgerichtes Eggenfelden 1858, Landshut 1862, S. 25.
[16]) Lorenz von Westenrieder: Baierische Beyträge zur schönen und nützlichen Litteratur, München 1780, I. S. 602.
[17]) Max Lidl: Landwirthschaftliche Reise durch den bayerischen Wald, Regensburg 1865, S. 128.
[18]) Die Landwirthschaft in Bayern, Denkschrift, München 1860, S. 594.
[19]) Die Landwirthschaft in Bayern, Denkschrift, München 1860, S. 603.
[20]) nach amtlichen Quellen
[21]) Zitiert nach: Häfner, Kurt: Lanz Firmenchronik von 1859–1929, Köln 1987, S. 180 f.
[22]) Erdmann Hülfreichs bewährtes Handbüchlein für Bauersleute, 1791, S. 99.

[23]) Erdmann Hülfreichs bewährtes Handbüchlein für Bauersleute, 1791, S. 107.
[24]) Zitiert nach: Hruschka Marion: Die Entwicklung des Geld- und Kreditwesens unter besonderer Berücksichtigung der Sparkasse im Raum Straubing-Bogen 1803–1972, Straubing 1990, S. 134.
[25]) Die Landwirtschaft in Bayern, Denkschrift, München 1890, S. 608.
[26]) Joseph v. Hazzi: Statistische Aufschlüsse über das Herzogthum Baiern, aus ächten Quellen geschöpft. Nürnberg 1805. 4. Band, 1. Abteilung, S. 105.
[27]) Johann Caspar Riesbeck: Briefe eines Reisenden Franzosen über Deutschland. An seinen Bruder zu Paris. o. O. 1784, S. 126.
[28]) Johann Pezzl: Reise durch den Baierischen Kreis, Salzburg und Leipzig 1784, S. 26.
[29]) Zit. nach Paul Ernst Rattelmüller: Lorenz Quaglio, Ausstellungskatalog 1978, S. 16.
[30]) Fliegende Blätter No. 880, München 1862, S. 156 f. Zitiert nach: Utz Jeggle, Gottfried Korff: Zur Entwicklung des Zillertaler Regionalcharakters, in: Zeitschrift für Volkskunde 70. Jg., 1974. S. 39–57, hier S. 46.
[31]) Bernhard Grueber, Adalbert Müller: Der bayerische Wald, Regensburg 1846, S. 27.
[32]) Ebd. S. 55.
[33]) Zitiert nach: Sepp Paukner: Die Waldler, in: Joseph Berlinger: Grenzgänge, Passau 1985, S. 15–35, hier S. 23.
[34]) Wilhelm Heinrich Riehl: Land und Leute. Stuttgart 1854, S. 76.
[35]) Hans Roth: Aus den Anfängen des Bayerischen Landesvereins für Heimatpflege. In: Schönere Heimat 61, S. 235–242, hier S. 236.
[36]) Otto Löhner: Ein Beitrag zur Pflege der Volkskunst. In: ‚Volkskunst und Volkskunde‘ 3 (1905), Nr. 3, hier S. 27.
[37]) Hans Karlinger: Heimat und Gegenwart. In: Bayerischer Heimatschutz 26 (1928), S. 33–36, hier S. 33.
[38]) Vgl. Monika Kotzi: Fremdenverkehr in Ruhpolding, Magisterarbeit, München 1986.
[39]) Siegfried Weikl: Fremdenverkehr im Landkreis Regen, in: Der Landkreis Regen, Regen 1982, S. 273–276, hier S. 274.
[40]) Zit. nach: Günther Bauernfeind: Der Bayerische Wald – eine Kolonie des Fremdenverkehrs? In: Joseph Berlinger: Grenzgänge, Passau 1985, S. 65–75, hier S. 70.
[41]) Josef v. Hazzi: Statistische Aufschlüsse über das Herzogthum Baiern, IV, 1, Nürnberg 1805, S. 112 f.

Auswahlbibliographie

Bavaria: Landes- und Volkskunde des Königreichs Bayern I. München 1860.

Bayer. Statistisches Landesamt (Hrsg.): Die Landwirtschaft in Bayern. München 1927.

Bayer. Statistisches Landesamt (Hrsg.): Statistisches Jahrbuch für Bayern. München 1952.

Benker, Gertrud: Essen und Trinken in der ländlichen Oberpfalz, Regensburg 1990 (= Schriftenreihe ‚Oberpfälzer Freilandmuseum', Bd. 6).

Benker, Gertrud: Heimat Oberpfalz. Regensburg 1965.

Berlinger, Josef: Grenzgänge. Streifzüge durch den Bayerischen Wald. Passau 1985.

Binder, Egon M. und Karl, Raimund: 100 Besonderheiten aus dem Bayerischen Wald, Grafenau 1988.

Bitsch, Helmut: ‚Oh bayerischer Herrgott hilf'. Bäuerliche Nöte im Spiegel des Eisenvotiv-Kultes (= Schriften des Niederbayerischen Landwirtschaftsmuseums Heft 4). Regen 1991.

Bitsch, Helmut/Mohr, Klaus: Niederbayerisches Landwirtschaftsmuseum Regen. München 1992 (= Reihe ‚Bayerische Museen', Bd. 16).

Bleibrunner, Hans: Niederbayerische Heimat, Landshut ⁶1968.

Bleibrunner, Hans: Niederbayern, 2 Bde. Landshut 1982.

Deplaces, Plac.: ‚Vater, ich rufe Dich!', Einsiedeln/Schweiz 1902.

Die Landwirthschaft in Bayern. Denkschrift. München 1860.

Die Landwirthschaft in Bayern. Denkschrift. München 1890.

Ellenberg, Heinz: Bauernhaus und Landschaft in ökologischer und historischer Sicht, Stuttgart 1990.

Franz, Günther: Geschichte der Landtechnik im 20. Jahrhundert. Frankfurt a. M. 1969.

Gebhard, Torsten: Landleben in Bayern. München 1986.

Grueber, Bernhard/Müller, Adalbert: Der Bayerische Wald. Regensburg 1846.

Häfner, Kurt: Lanz Firmenchronik von 1859–1929. Köln 1987.

Haller, Reinhard: Bodenmais . . . und die „Bomoesser", Teil II. Alltagsleben in der Weimarer Republik. Zwiesel 1990.

Hartl, Hans und Merz, Heinrich: Die älteste Volksschule Deutschlands, Tittling/Passau 1981.

Haushofer, Heinz: Die deutsche Landwirtschaft im technischen Zeitalter. Stuttgart 1972.

Hazzi, Josef v.: Statistische Aufschlüsse über das Herzogtum Baiern, aus ächten Quellen geschöpft. 4 Bde., Nürnberg 1801–1808.

Hazzi, Josef v.: Gekrönte Preisschrift über Güter-Arrondierung, München 1818.

Herrmann, Klaus: Pflügen, Säen, Ernten. Landarbeit und Landtechnik in der Geschichte. Hamburg 1985.

Hofbauer, Josef: Ostbayern. Vom Leben und Brauchtum. Regensburg 1980.

Hruschka, Marion: Die Entwicklung des Geld- und Kreditwesens unter besonderer Berücksichtigung der Sparkasse im Raum Straubing-Bogen 1803–1972. Passau 1990.

Kempf, Rosa: Arbeits- und Lebensverhältnisse der Frauen in der Landwirtschaft Bayerns. Jena 1918.

Klein, Ernst: Geschichte der deutschen Landwirtschaft im Industriezeitalter. Wiesbaden 1973.

Kriss-Rettenbeck: Bilder und Zeichen religiösen Volksglaubens. München 1963.

Kriss, Rudolf: Volkskundliches aus altbayerischen Gnadenstätten. Augsburg 1930.

Landesstelle für die Nichtstaatlichen Museen in Bayern (Hrsg.): Museen in Bayern. München 1991.

Leythäuser, L.: Wirtschaftliche und industrielle Rundschau im Gebiet des inneren bayerischen Waldes. Passau 1906.

Lidl, Max: Landwirthschaftliche Reise durch den bayerischen Wald. Regensburg 1865.

Lidl, Max: Die landwirthschaftlichen Zustände der fruchtbaren Donauebene Niederbayerns. Straubing 1871.

Mader, Franz: Das Bistum Passau gestern und heute, Wissenswertes von A–Z, Passau 1989.

Max-Eyth-Gesellschaft für Agrartechnik e. V. (Hrsg.): Landleben damals. Wegweiser zu agrartechnischen Museen und Sammlungen. Münster-Hiltrup 1989.

Merkle, Ludwig: Bayerischer Festkalender, München 1981.

Merz, Heinrich, Höltl, Georg, Lischke, Claudia u. Höltl, Peter: ‚Dorfführer Museumsdorf Bayerischer Wald', ¹⁰1989.

Neugebauer, Manfred: Oberpfälzer Freilandmuseum Neusath-Perschen, München-Zürich 1986 (= ‚Reihe Bayerische Museen', Bd. 4).

Nösselt, Anneliese: Die Bevölkerungs- und Wanderungsbewegung der Landkreise Cham und Kötzting in der Bayerischen Ostmark. O. O. 1942.

Ortmeier, Martin: Bauernhäuser in Niederbayern, Passau 1989.

Pezzl, Johann: Reise durch den Baierischen Kreis, Salzburg und Leipzig 1784.

Platzer, Hanns: Geschichte der ländlichen Arbeitsverhältnisse in Bayern. München 1904.

Physikatsberichte aus dem Jahre 1860.

Pohl, Werner: ‚Von Sühnekreuzen und Totenbrettern', in: Heimatkundliche Beiträge des Landkreises Viechtach, Heft 1, 1968.

Priehäußer, Georg: Bayerischer und Oberpfälzer Wald, Essen 1965.

Riehl, Wilhelm Heinrich: Land und Leute. Stuttgart 1854.

Riesbeck, Johann Caspar: Briefe eines Reisenden Franzosen über Deutschland. An seinen Bruder zu Paris. O. O. 1784.

Schönwerth, Franz Xaver v.: Aus der Oberpfalz, Sitten und Sagen in 3 Theilen. 1857–1859.

Schlögl, Alois: Bayerische Agrargeschichte. München 1954.

Schremmer, Eckart: Die Wirtschaft Bayerns. München 1970.

Schuhladen, Hans: Bayerisches Jahrbuch für Volkskunde, ‚Faschingshochzeiten als Spielform', 1991.

Spiegel, Beate: Physikatsberichte als Spiegel des Alltagslebens in Niederbayern um 1860. Magisterarbeit. München 1986.

Spindler, Max: Handbuch der bayerischen Geschichte, 4 Bde. München 1967 ff.

Weber-Kellermann, Ingeborg: Landleben im 19. Jahrhundert. München 1987.

Weber-Kellermann, Ingeborg: ‚Umgang mit Sachen', in: Regensburger Schriften zur Volkskunde, Beiträge zum Volkskundekongreß, Regensburg 1981.

Westerholz, S. Michael: Die Suche nach dem Wunderbaren, Wallfahrten im Landkreis Deggendorf, Deggendorf 1978.

Wimmer, Joseph: Die socialen und volkswirthschaftlichen Zustände des kgl. Landgerichtes Eggenfelden. Landshut 1862.

Zaborsky-Wahlstätten, Oskar Ritter von: Die Tracht im Gäuboden. München o. J. (1940); Die Tracht im Bayerischen u. Böhmerwald. München 1958.

Abbildungsnachweis

Bayerwald Bildarchiv, Grafenau: S. 51, 58, 78, 81, 84, 89, 90, 95, 96, 105, 110, 118
Binder, Egon M., Grafenau: S. 37, 72, 73, 98, 103, 112, 140
Binder, Roland, Deggendorf: S. 21, 23, 25 oben, 26 links, 35, 50, 75, 79, 86, 108, 114
Bitsch, Helmut, Regen: S. 70
Delta press/Pressestudio Wagner, München u. St. Wolfgang: S. 19, 20 unten, 26 rechts, 30
Eigner, Hans, Passau: S. 13, 15, 28, 29, 52, 55, 56, 63, 64, 65, 83, 94
Fischereiverband Oberpfalz, Regensburg: S. 10
Foto Weber, Bodenmais: S. 144
Freilichtmuseum Finsterau: S. 149
Freilichtmuseum Massing: S. 150
Haller, Reinhard, Frauenau: S. 138, 139
Haus der Bayerischen Geschichte/Bildarchiv, München: S. 11, 12, 53, 60, 61, 113, 116, 134
Hausforschungsarchiv der Landesstelle für die Nichtstaatlichen Museen in Bayern, München: S. 111
Mittelbayerische Zeitung/Bildarchiv, Regensburg: S. 17, 25 unten, 31, 62
Moosauer, Donatus, Altenmarkt: S. 32
Museumsdorf Bayerischer Wald, Tittling: S. 151
Niederbayerisches Landwirtschaftsmuseum, Regen: S. 9, 38, 48, 66, 69, 71, 121, 146, 148
Niedersächsisches Landesmuseum/Landesgalerie, Hannover: S. 132
Oberpfälzer Freilandmuseum, Neusath-Perschen: S. 152
Paulus, Karl-Heinz, Falkenbach: S. 46, 57, 77, 109, 128
Rödl, Karl, Bodenmais: S. 141, 143
Sauer, Horst, Regen: S. 40, 47, 67, 101
Staatliche Graphische Sammlung, München: S. 133
Unger, Klemens, Regensburg: S. 20 oben, 27, 43, 91

Allen, die Bildmaterialien zur Verfügung gestellt und damit die Publikation erst ermöglicht haben, sei an dieser Stelle recht herzlich gedankt. Besonders verpflichtet fühlen wir uns dem Haus der Bayerischen Geschichte, der Landesstelle für die Nichtstaatlichen Museen, Delta press, dem Fremdenverkehrsverband Ostbayern, den Herren R. Binder, H. Eigner, K.-H. Paulus und H. Sauer, die uns freundlicherweise Zutritt zu ihren Bildarchiven gewährt haben.